Conocés
El Secreto
AHORA PODÉS APLICARLO

Claudia González De Vicenzo

Conocés
El Secreto
AHORA PODÉS APLICARLO

BERGERAC
EDICIONES

Copyright © 2009 Claudia González De Vicenzo
All rights reserved.
ISBN: 9 781439 243176 90000
Visit www.booksurge.com to order additional copies.

Agradecimientos

¡Gracias Dios mío!

A doña María Juana De Vicenzo y a Victoria, una sola alma.

Todo sería mucho más difícil en esta vida si no fuera por las mujeres. Por eso a ellas va mi agradecimiento.

A todas las mujeres que día a día se ocupan por hacer de este un mundo mejor. Desde la cosa doméstica y cotidiana hasta las grandes decisiones. Porque si hay una mujer en una gran decisión es porque hay otra mujer que la ayuda con lo "doméstico", lo cotidiano, lo habitual, lo trascendente.
Gracias por eso.

Porque en el pensamiento cotidiano de una mujer está la satisfacción práctica de la vida de todos los días de mucha gente... (el hogar, el alimento, el trabajo, los estudios, los afectos, la familia, los vencimientos, las compras, la organización cotidiana de las tareas, los empleados, etc., etc., etc.) Y además nos queda tiempo libre para conversar con una amiga. Así somos.

Gracias amigas del alma: Martha Barsuglia, Cynthia Janson, Mariel Pösz, Diana Morón, Sandra Almeyda, María José Agazzi. Gracias por despertar en mí: amor, visión crítica, cordura, admiración y por ayudarme a poner los pies sobre la tierra cuando levanto vuelo demasiado alto (ok, va por orden de aparición).

A Rosita Pincovschi y a Liliana Milshtnein.

A todos los hombres del mundo va mi agradecimiento también porque son ellos los que me dan la posibilidad día a día de elegir ser una gran mujer.

A Kenneth Hansen de Noruega, quien hizo mi mente volar como una mariposa.

A Diego Messore porque convirtió la mariposa en un gráfico que impactó e inspiró a todos los y las que vieron el libro cuando apenas empezaba a ver la Luz, creando una oportunidad para que el libro creciera.

A Ezequiel Diaz Ortiz y Sebastián Dozo Moreno por hacer volar la mariposa.

Y a todos los Seres Humanos que eligieron y eligen el camino espiritual sin distinción de credo, raza o religión porque de ellos es el mundo de los Cielos en la Tierra.

A Haggai y Yael Fridman por ser la presión y la energía que se necesitó para revelar el diamante escondido en el carbón.

A Karen y Yehuda Berg.

Por todo lo que aprendo de mí misma cada vez que descubro lo que me gusta de ellos y lo que no me gusta de ellos. Porque en definitiva, no hay un "ellos" si no hay un "yo". En las buenas y en las malas.

Y a vos mi amor, Jostein Holgersen de Noruega, por ser el desafío de mi vida. ¿Dije desafío? ¡Uy!. Quise decir hombre ¡Uy!. Bueno, igual entendés poco español. No importa. Ya lo vas a entender todo. Gracias por compartir el desafío.

Prólogo

Es diciembre de 2008. La llamada crisis financiera mundial es el fantasma del momento en el planeta. Estoy en Europa escribiendo este libro. En Noruega. Pero, ¿qué te puedo decir? Soy argentina. No hay crisis que no hayamos experimentado ya: inflación, deflación, estanflación, corralito, pesificación, retención de ahorros en dólares, precios altos, precios bajos, precios altos otra vez... Cinco presidentes en diez días. Y vaya uno a saber cuántas otras cosas más que ya ni recuerdo.

Pero eso sí... sobreviví a todas ellas y crecí también, desde todos los puntos de vista. Por eso... qué me van a hablar de crisis, diría el tango. La crisis no está afuera. El caos no está afuera. Está sólo adentro de uno mismo. O no está.

Aunque... no me hablés del clima. El clima es una cosa que vino en el paquete del pedido. Es verano en Argentina. El verano más caluroso de la historia de mi vida (45 años). Pasamos de 10° a 35° o 40° directamente, sin primavera, sin acostumbramiento. Bien a lo argentino, de un día para el otro.

En Noruega es otra cosa. Por ejemplo hoy tenemos 3° bajo cero, ni un leve vestigio de sol, amanece a las 10 de la mañana y a las 4 de la tarde ya es de noche. Y llueve, llueve todo el día, todos los días.

Si te preguntas qué estoy haciendo en Noruega... es una buena pregunta. En este momento voy a decirte que, aunque no lo creas, disfrutando del cumplimiento de la ley... aprendiendo a ajustar mis pedidos y desarrollando perspectiva. La verdadera historia: Pide y recibirás. Sé cuidadoso con el pedido, porque si no sos lo suficientemente específico, vas a terminar aprendiendo perspectiva también al otro lado del mundo... ¡¡¡siempre con una sonrisa!!!

Si te preguntás a qué ley me refiero, la ley de atracción, por supuesto. Conocés el secreto. Es la ley de atracción. Pero, ¿dominás la ley conscientemente?, ¿o es tu inconsciente quien administra la atracción?

No importa. En todo caso has logrado atraer este libro hacia vos. Porque si este libro está en tus manos, o en tu computadora, es porque algo en él responde a algún pedido que estás haciendo: consciente o inconscientemente. Pide y recibirás. El Universo te da como respuesta estas herramientas prácticas. Es la ley.

Esto quiere decir que ya estás en el camino de hacer consciente lo inconsciente. De esto trata el libro. De pedir y recibir tu máximo potencial. De no conformarse con menos. Y de ir ajustando los errores.

Si estás leyendo estas palabras es porque estas reclamando tu derecho de nacimiento: crear a imagen y semejanza.

Felicitaciones y bienvenido al club.

A continuación vas a recibir 7 herramientas indispensables de uso práctico que te permitirán alcanzar todo lo que te propongas administrando la ley a tu voluntad. Todo, todo, todo. Está probado. Sí, probado por mí. Vos tendrás que hacer tu propia prueba. Estas son sólo herramientas que adquieren valor en la medida de la práctica cotidiana con la cual se va desarrollando la destreza.

Podría contarte innumerables usos que le doy a estas herramientas obteniendo siempre resultados positivos. Conseguir estacionamiento, mantener el peso ideal, alcanzar libertad financiera, encontrar mi alma gemela, mantener buena salud, trabajar en lo que me gusta, viajar por el mundo. Pero sé que vas a desarrollar tu propia experiencia y nada es más valioso que eso.

Y te digo la verdad, para poder usar las herramientas que voy a darte no hay misterios, ni canalizaciones de seres de otras dimensiones, ni secretos, ni códigos indescifrables, ni enigmas antiguos atesorados por sociedades secretas desconocidas, ni jeroglíficos, ni héroes o heroínas, ni idiomas extranjeros.

No hay que haber nacido en Estados Unidos tampoco. Sí, aunque parezca mentira, muchos de los libros que leemos sobre esta temática tratan de situaciones que vivieron personas nacidas ahí. ¿Esto qué quiere decir? ¿A nosotros no nos pasa? ¿En Argentina no funciona la ley? Bueno, ¿qué te puedo decir que ya no sepas si sos argentino? Sólo puedo agregar, a riesgo de parecer inocente, que en Argentina también funciona la ley de atracción, como en todo el universo conocido.

Para poder usar estas herramientas sólo hay que recordar de dónde venimos y qué somos: seres humanos creados a imagen y semejanza. Todo lo demás, es comentario.

Sin embargo, quiero contarte una pequeña parte de mi experiencia en el uso de estas herramientas. Si yo pude lograrlo, cualquiera puede hacerlo también. Y te confieso que vale la pena el esfuerzo.

Soy una mujer de 45 años. Mi atención siempre estuvo puesta en la vida profesional. Y como allí ponía mi deseo, allí conseguía mis logros. Mi vida era muy diferente de la vida de las otras mujeres que conocía. A los 26 años ya tenía toda una institución a mi cargo como Gerente General; a los 28 era consultora del Banco Mundial. A los 29 me empecé a preguntar qué estaba haciendo con mi vida... Y así, como sin darme cuenta, me surgió un deseo biológico, instintivo, irracional... de tener un hijo. Lo oculté, lo tapé, lo descarté. Pero ahí estaba. Cuando tenía 36 años, quedé embarazada. Ya no pude tapar más mi pasión. No era necesidad, ciertamente no necesitaba tener un hijo. Era deseo, era pasión, ansia, anhelo. Cuando me descubrí embarazada sentí que todo lo que siempre había soñado estaba a punto de convertirse en realidad. Y me relajé.

A los 20 días de recibir la noticia, me internaron de urgencia por un embarazo ectópico. El embarazo se había iniciado en una trompa en lugar de llegar hasta el útero. Reventó la trompa, hemorragia, laparoscopía, llanto desconsolado, adiós embarazo y trompa. Por lo menos salvé la vida, dijo el médico.

El ginecólogo me sugirió realizar una fertilización asistida. "Tenés 36, una trompa menos, pocas posibilidades". Sí, lo que el doctor decía era verdad. Pero él no contaba con la fuerza de mi deseo. "Yo no voy a hacer fertilización asistida". Insistía e insistía. Tanto él como yo. Me propuso otra laparoscopía para revisar el estado de la otra trompa. Realmente no quería hacerlo, detesto la anestesia general. En la primera fecha programada tuve fiebre, cancelamos la cirugía. En la segunda fecha tuve mi período, cancelamos la cirugía. En la tercera me dijo: "si no venís, cambiá de médico". Tuve que ir.

Otra laparoscopía. Resultados desalentadores. "Tu otra trompa tampoco funciona. Tenés que hacer fertilización si querés tener un hijo". Su capricho aumentaba mi capricho. "Doctor, entiendo el método científico, pero voy a tener un hijo porque deseo tener un hijo, pero bajo ningún punto de vista voy a tenerlo por fertilización asistida". Por supuesto, estaba con tratamiento psicológico. Yo, el médico no sé. Obvio que no fui más, al médico, a la psicóloga sí, ya que fue quien me ayudó a soportarlo. Ésta es una simple descripción de hechos. Las emociones asociadas tuvieron el poder en mí de crear la voluntad para conseguir lo que deseaba.

Al año quedé embarazada otra vez. Volví al médico con cara de "te lo dije". Sólo pudo decir: "Bueno, los primeros meses de embarazo son sólo una cosa química, esperemos a ver qué pasa". Su cordura impulsaba mi irracionalidad. Visto a la lejanía, descubro que también deseaba profundamente demostrarle a mi médico lo equivocado que estaba. Deseaba con todo mi corazón ostentar mi certeza delante de sus narices científicas. Sin embargo, después de 4 ecografías descubrimos que el embrión nunca desarrolló su corazón. Anestesia total, legrado, llanto desconsolado, adiós embarazo otra vez. "Es una posibilidad", dijo el médico. "Es probable que tus óvulos sean viejos. Definitivamente tenés que hacer fertilización si querés tener un hijo". Elijo el hijo, le dije a mi psicóloga, y abandoné al ginecólogo.

Un embarazo ectópico, uno sin embrión, una trompa menos y otra destrozada, óvulos avejentados, 38 años, médicos en contra, método científico, estadísticas, y demás; no eran razones suficientes para detenerme. Ni siquiera las emociones destructivas asociadas, los fracasos, el sufrimiento o el padre del bebé dándose por vencido.

Mi nena tiene ahora casi 6 años y se llama Victoria. Fue concebida naturalmente. ¿Qué esperabas?

Índice

Introducción	23
Metodología	24
Recomendaciones	25
1. Conocés el secreto	31
1.1. ¿Conocés el secreto?	31
1.2. El poder del pensamiento	38
1.3. Una telaraña de pensamientos	47
1.4. Los pensamientos son como la telaraña	49
1.5. ¿Quién es la araña que construye la red?	51
1.6. ¿Sobre qué apoyos construís la telaraña?	53
1.7. Te rompieron la telaraña de un escobazo. ¿Y ahora qué?	55
1.8. La telaraña del éxito	56
1.9. Fuimos creados a imagen y semejanza	58
2. Una escalera de siete escalones	63
2.1. Los siete días de la creación	63
2.2. Los siete principios herméticos	66
2.3. Los siete pasos para lograrlo todo	67
3. Primer paso: Querer	73
3.1. ¿Qué es el éxito? Primer ejercicio práctico	74
3.2. El éxito está en tu ADN	76
3.3. ¿Qué es el éxito?	80
3.4. ¿Qué no es el éxito?	83
3.5. ¿Qué quieres?	86
3.6. ¿Quién eres?	88
3.7. Ejercicio práctico 2	91
3.8. Ejercicio práctico 3	93
3.9. Sonríe y sé feliz.	95
3.10. Sugerencias	97
3.11. La zona de confort	98
3.12. Creencia versus conocimiento	100
3.13. Análisis de los ejercicios	102
4. Segundo paso: Desear con alma y vida	107
4.1. El poder del deseo	107
4.2. No confundir necesidad con deseo	111

4.3. El poder de la intención — 114
4.4. La certeza es lo que cuenta — 116
4.5. ¿Cuántos fracasos podrás tolerar? — 117
4.6. El fracaso es sólo un punto de vista — 118
4.7. Requisitos indispensables — 119
4.8. Más requisitos — 122
4.9. La autosugestión — 123
4.10. Ejercicio práctico 4 — 125
4.11. Ejercicio práctico 5 — 128
4.12. Algunos ejemplos prácticos. — 129
4.13. Advertencia — 132
5. Tercer paso: Permitírtelo todo — 135
5.1. ¿Quién hace los milagros? — 137
5.2. El milagro de la apertura del Mar Rojo — 139
5.3. El milagro requiere certeza, voluntad y urgencia — 141
5.4. Las pulgas, los elefantes y los monos — 142
5.5. ¿Qué impedimentos? Pensamientos — 144
5.6. Tres enemigos acechan nuestra mente — 146
5.7. El peor de todos los miedos. Excusas y justificaciones — 147
5.8. Más impedimentos. Palabras — 153
5.9. El poder de la palabra — 154
5.10. Comunicación paradójica — 156
5.11. Comunicación patológica — 157
5.12. Lo que decretás se concreta — 159
5.13. Por sus frutos los conoceréis. Obras — 160
5.14. Pensamiento, palabra, obra — 162
6. Cuarto paso: Liberar — 167
6.1. Ejercicio práctico 6 — 167
6.2. Ejercicio práctico 7. La lista de todos los miedos — 171
6.3. Anotando pensamientos — 173
6.4. Ejercicio práctico 8 Y vos, ¿qué decís? — 174
6.5. Ejercicio práctico 9 Y vos, ¿qué escuchás? — 176
6.6. Pensamientos ocultos detrás de palabras — 178
6.7. Ejercicio práctico 10 — 180
6.8. Ejercicio práctico 11 — 181
6.9. Libertad de pensamiento — 183
6.10. Libertad de palabra — 184

6.11. Libertad de obra — 185
6.12. Des-ilusión — 187
6.13. ¿Y ahora qué? — 189
6.14. La suma de todos los pensamientos — 190
6.15. Eliminando los rastros de pensamientos, palabras y obras — 191
6.16. Lo que recreás se reconstruye — 195
6.17. Estamos en guerra — 199
6.18. El ego, nuestro enemigo — 200
6.19. ¿Cómo caímos en esta guerra? — 202
6.20. Nuestros genes, campo de batalla — 204
6.21. La apatía y el conformismo, la estrategia del enemigo — 205
6.22. El conocimiento y la voluntad, las mejores defensas — 206
6.23. Sólo la verdad nos hará libres — 209
6.24. ¿Estamos en guerra? — 210
7. Quinto paso: Pedir — 215
7.1. ¿Qué puedo pedir? — 217
7.2. ¿Cómo pedir? — 219
7.3. ¿Cuándo pedir? — 222
7.4. ¿A quién pedir? — 223
7.5. Certeza y expectativas — 224
7.6. Requisitos antes de pedir — 225
7.7. Ejercicio práctico 12 — 227
7.8. El poder de la afirmación — 230
8. Sexto paso: Agradecer — 235
8.1. La verdad de la milanesa — 235
8.2. El poder del agradecimiento — 237
8.3. ¿Cómo se materializan los pedidos? — 239
8.4. El poder de la visualización — 241
8.5. Ejercicio práctico 13 — 243
8.6. El poder de la apreciación — 244
8.7. ¿Cómo agradecer? — 246
8.8. ¿Cuándo agradecer? — 248
8.9. ¿A quién agradecer? — 249
8.10. ¿Por qué agradecer? — 250
8.11. La resistencia y la negación — 251
8.12. Es tu responsabilidad — 253
9. Séptimo paso: Soltar — 257

9.1. Causa o efecto 257
9.2. Soltar el deseo 258
9.3. No juzgar 261
9.4. Control, manipulación, chantaje emocional 262
10. ¿Por qué no lo logro? 267
11. Las pruebas 271
12. Preguntas frecuentes 275
13. Y vos... ¿Qué querés? 279

¡Ahora podés aplicarlo!

Introducción

Tardaste algún tiempo para elegir el teléfono celular perfecto. ¿No? Buscabas algo bastante específico. Un teléfono con el cual poder hacer llamadas, pero también sacar fotos, escuchar música, guardar información también, ¿por qué no?

Bueno, ya tenés tu teléfono celular. Lo compraste. Funciona perfectamente y lo más maravilloso es que ni siquiera tenés que conocer las razones por las cuales funciona. Ni la tecnología con la cual funciona, cómo se arma, ni cómo se desarma. Sencillo, ¿no? Lo usás y funciona. Lo usás y funciona. Sí, sí, sí... lo usás y funciona.

No tenés que creerme. Sólo tenés que marcar el número correcto.

Es tan sencillo de usar que hasta un niño de poca edad puede hacerlo funcionar.

Pero si no lo usás, no funciona.

Y esto no quiere decir que la comunicación no sea establecida, o que la antena no tome contacto, o que el teléfono esté roto, o que la tecnología sea obsoleta o que el vendedor te mintió, o que la empresa que suministra el servicio está en huelga.

Simplemente quiere decir que sos vos el que decide no usarlo.

Lo mismo sucede con el secreto.

No importa cuántos libros hayas comprado, leído y

entendido. Si no ponés en práctica los principios no podés establecer la comunicación.

Pero, ¿sabés qué?

El secreto sigue funcionando.

Sin embargo, en lugar de conectar con tu voluntad, conectá con tu piloto automático.

Por eso, no importa cuánto conocés de "el secreto". Sólo importa cómo lo aplicás.

Y éste es el sentido de este manual práctico.

Para poder establecer una comunicación telefónica necesitás aplicar el código secreto: el número telefónico, en el orden específico y con la característica apropiada. Bueno, no es tanto misterio, cualquiera puede hacerlo.

Aplicar el secreto es igual de sencillo, si conocés el código.

Metodología

Este manual ha sido pensando en modalidad de "practica lo que predicas". Esto significa que se trata de una experiencia práctica y no de una nueva teoría. Sin embargo, podés leerlo como un libro cualquiera.

Obtendrás mejores resultados a medida que vayas utilizando el manual para diversos aspectos de tu vida en los que quieras conseguir resultados. Sí, ya sé. Te dijeron que basta con cambiar el pensamiento. Es sencillo, ¿no? A veces basta con cambiar el pensamiento y a veces es necesario eliminar la historia. Depende de cuánto se haya metido ese mandato en tu vida cotidiana. Si sos del tipo "adhiero a lo más fácil", empezá por lo más fácil. Todo está en tu pensamiento. Si querés resultados más profundos, profundizá en tu trabajo buscando y eliminando los condicionamientos que limitan tu libertad de elección. También están en tus pensamientos.

Si es de tu interés te puedo acompañar en el proceso. Podés contactarte en esta dirección: www.conoceselsecreto.com.ar y formar parte de nuestra comunidad de práctica. Estamos dispuestos a colaborar entre todos para desarrollar nuestro máximo potencial en todos los aspectos de nuestra vida. Y así transformar el mundo.

Es importante tener en cuenta que el trabajo es personal, la práctica y los resultados son de tu absoluta y única voluntad y son de tu libre albedrío también.

El material de tarea individual está presentado en esta edición. No pretendo con este proceso agotar todas las posibles derivaciones de los trabajos, dado que algunos de ellos durarán, seguramente, toda la vida.

Vinimos a este mundo no para sufrir, ni para sentir culpa, ni para ser miserables. Vinimos a crear. Podemos crear disfrutando el proceso o padeciéndolo. Como todo, es tu elección. Sos el único responsable de tus creaciones.

Recomendaciones

El material que se entrega es para uso **exclusivamente personal.** Lo importante del manual y de la tarea no está en el material impreso sino en la experiencia que está previsto que obtengas a través de la ejercitación y su seguimiento, la cual es individual y privada y no proveniente del plano intelectual.

Es importante comprar un cuaderno que se destinará única y totalmente al desarrollo de toda la ejercitación que se presenta de manera de poder observar el grado de avance.

El resultado está absolutamente ligado a la atención, el discernimiento, voluntad, coraje y perseverancia con la cual realices los ejercicios. Puedo acompañarte en el proceso y mostrarte las puertas que hay que abrir, pero no puedo abrirlas por vos. Ni siquiera por vos, hija mía.

Para un resultado más efectivo se recomienda elegir algún aspecto sobre el cual se desea trabajar. El primer tema que se elija no debería ser uno que provoque demasiada ansiedad. Este proceso es más exitoso a medida que se va adquiriendo seguridad con cada logro. Terminado el trabajo sobre ese punto, pueden repetirse los pasos para lograr éxito sobre algún otro aspecto que se desee.

Sólo con esfuerzo y dedicación lograrás los resultados. La inercia es lo que te ha llevado hasta donde hoy has llegado. El discernimiento es lo que te atrajo hasta este manual. Y es la voluntad lo que te va a llevar hasta donde te permitas llegar.

Podés **ser** lo que te propongas ser.

Podés **hacer** lo que tengas ganas de hacer.

Podés **tener** lo que se te antoje.

¿Podés permitírtelo?

Si sólo buscás respuestas en la lectura de este manual, lamento desilusionarte. Sólo vas a encontrarte con preguntas. Son las preguntas las que te conducen a una nueva versión de vos mismo. Las respuestas te dejan estancado donde estás y para eso ya tenés el piloto automático, la educación y el proceso de socialización. No necesitás embarcarte en esta lectura ni realizar los ejercicios. Con leer alcanza.

Pero, ¿sabes qué?...

Creciste... Ya sos un SER HUMANO.

Y estás listo para comprometerte con tu propio logro y para responsabilizarte de los resultados.

Es lo que estás pidiendo. De otra manera estas palabras no hubieran llegado a vos.

Gracias al Cielo, *conocés el secreto*. ¿Lo practicás?

Conocés el Secreto

1. Conocés el secreto

1.1. ¿Conocés el secreto?

Por supuesto. Conocés el secreto desde que naciste. Incluso, seguro viste la película y leíste el libro también. Pero quizá no obtengas todo lo que necesitás para aplicarlo a tu vida cotidiana en una primera vista de la película o en una primera lectura del libro. Sin embargo existe mucha información que tarde o temprano sí podrás obtener:

1. El secreto es la ley de atracción

2. Tus pensamientos crean tu realidad

3. La ley de atracción atrae aquello en lo cual se concentra tu atención

4. Atraés lo que pensás, cualquiera sea la cosa que pensás

5. Esta ley funciona aún cuando no seas consciente de ella

6. Aunque no creas en ella también funciona y si no la entendés también

7. Funciona tanto si es tu voluntad la que crea tu atención como si es la ausencia de ella

8. Como la ley de gravedad es una ley infalible y no comete errores

9. Es una ley de la naturaleza y como tal es impersonal, no ve las cosas como buenas o malas, no tiene juicio

10. Tus sentimientos son tu mecanismo de retroalimentación para conocer tu frecuencia

11. Sólo existe abundancia en el universo

12. Actuá como si ya la tuvieras

13. Podés ser, hacer o tener, lo que quieras. De hecho, lo tenés aún cuando no comprendas cómo sos capaz de querer tanta miseria

14. Lo importante es que:

tu vida puede cambiar ahora mismo.

Dejame decirte que todo esto es sólo información. Y la información puede convertirse en conocimiento, con un poco de dedicación. Pero sólo la experiencia práctica va a hacer que esta información convertida en conocimiento se transforme en sabiduría y atraiga lo que deseás.

Los errores que vas a cometer y los logros que vas a alcanzar son lo que se van a transformar en la experiencia vivencial que traerá sabiduría a tu vida. Y mucha, mucha, mucha abundancia y prosperidad.

Sí, ya sé. Luego de varias lecturas tal vez puedas decir que "conocés el secreto". Y lo cierto es que también lo prac-

ticás. La verdad es que no hay forma de no practicarlo. Así es la ley. Pero, la pregunta es:
¿aplicás el secreto conscientemente?

Dice Carl Jung: *"Hasta que hagas consciente tu inconsciente, éste dirigirá tu vida y lo llamaras **destino**"*.

Aplicás el secreto inconscientemente según los mandatos y modelos de pensamiento que están internalizados en tu subconsciente. Sos la causa de lo que sucede a tu alrededor. Lo creas o no, lo aceptes o no, lo toleres o no. No hay otro responsable que cause lo que es tu vida hoy. Y creéme que este es el primer paso para acelerar todo el proceso: *responsabilidad y compromiso*.

¿Es tu vida como la estás viviendo hoy lo que siempre soñaste que sea?

¿Has hecho el esfuerzo de venir a este mundo para lograr lo que hasta ahora has logrado?

¿Es lo que hoy sos, lo mejor que podés llegar a ser?
No, ¿no es cierto?

Pero no desesperes. Estás en el camino de revelar tu máximo potencial y eso es lo que importa.

En un nivel de tu conciencia hay un potencial que pide a gritos ser revelado. Hay una fuerza que busca expresarse siendo lo mejor que puede ser, teniendo lo máximo que puede tener y haciendo lo mejor que sabe hacer. Es tu derecho de nacimiento. Es tu obligación como "ser humano". Es esa fuerza, ese alguien que sos en algún nivel de tu existencia el que te ha conducido por este camino porque quiere que logres aquello por lo que estás aquí y sabe que ahora es el momento.

Bienvenido. Conocés el secreto. ¡¡¡Aplicalo conscientemente!!!

Y para esto sólo necesitás: discernimiento, voluntad, coraje y perseverancia.

Y por supuesto, recordar a qué has venido.

A crear, por supuesto. A crear con amor, abundancia y prosperidad en la forma única en la que podés hacerlo.

Me gustaría compartir una historia tomada del libro "Nano. *Technology of mind over matter*". Kabbalist Rav Berg. The Kabbalah Center International Inc.

Hace muchos años en una pequeña ciudad vivía un hombre llamado Dusty Rhodes. Dusty no podía crear una forma de vida decente para su familia. Su mujer Sara y sus siete hijos no tenían suficiente comida y vestido. La vida era una lucha constante. Dusty se dedicaba a fabricar velas. Su forma de vida era caminar por las calles vendiendo las velas que él mismo fabricaba. El problema era que la villa en la que vivía estaba llena de fabricantes de velas, entonces el precio de venta era sumamente bajo. Todos los días Dusty caminaba y caminaba kilómetros enteros para obtener sólo algunas monedas por sus ventas. Cada noche cuando llegaba a su casa su esposa lo fastidiaba con la pobre vida que les estaba dando, demandando de él el ejercicio de alguna otra actividad. Pero fabricar velas era lo único que Dusty sabía hacer.

Un día, mientras Dusty caminaba en su recorrido habitual de venta, pudo ver el carruaje y el caballo más maravilloso que nunca se hubiera imaginado que existían. Un hombre con una imagen de ser muy próspero abrió la puerta del carruaje y le compró algunas velas. Dusty no pudo resistir la tentación de mirar dentro del carruaje, el cual estaba decorado con el más fino terciopelo y adornado con las más bellas joyas. El hombre pudo ver que Dusty estaba realmente impresionado. También pudo ver que Dusty no lo reconoció.

"¡Dusty, soy yo, Moe! Recuerda que he sido el aguatero de la villa por muchos años."

Dusty se quedó pasmado. "¡Moe!" lloró. "¿Qué te ha pasado? ¿Algún pariente rico te recordó en su última voluntad?"

"Dios no lo permita", dijo Moe. "¡Hice mi fortuna en diamantes y vos podés hacer lo mismo!" Y entonces Moe le contó a su amigo Dusty todo acerca de la misteriosa "Tierra de diamantes", una pequeña isla localizada al otro lado del mundo. Esta isla, según Moe, estaba repleta de diamantes. Los diamantes eran algo común como la suciedad lo era en la villa en la que vivía Dusty.

"Moe, por favor, te lo suplico", lloraba Dusty. "¡Decime dónde queda! He luchado toda mi vida tratando de estirar lo que consigo para vivir. ¿Cómo llego a esta isla?" Bien... esta era la parte difícil. Como Moe le explicó, había sólo un bote que llegaba ahí y el viaje tomaba un año de ida y un año de vuelta. Esto quería decir que Dusty se alejaría de su familia por 4 años. Así pasó. La esposa de Dusty no tuvo problema con ello. Muchos años de lucha financiera la habían agotado ya. Una vida de riqueza bien valía unos años de soledad. Entonces le dijo a su marido que tomara ese bote y que traiga riquezas.

Dusty hizo lo que su esposa le dijo. Abordó el bote, pasó 12 meses en alta mar hasta que finalmente llegó a la tierra de los diamantes. Nada lo había preparado para lo que vio. Había diamantes por todos lados. De todos los tamaños. De todas las formas. Dusty pensó que estaba soñando. Las calles estaban literalmente pavimentadas con diamantes. Los brillos de los diamantes deslumbraban sus ojos donde sea que fuera. Hasta que finalmente se compuso y Dusty finalmente empezó a llenar sus bolsillos, sus bolsos, sus valijas con diamantes brillantes. Entonces fue a un negocio e intentó comprar una valija más para seguir llenándola con diamantes. Y ahí fue cuando recibió una sorpresa inesperada.

Cuando quiso pagar la nueva valija con uno de sus diamantes, el vendedor comenzó a reír. *"Los diamantes no tienen ningún valor aquí, mi amigo"*. Dusty rápidamente entendió y se empezó a reír también. *"Por supuesto, los diamantes son la cosa más corriente aquí"*. Pero entonces Dusty comenzó a preocuparse. Se dio cuenta de que no tenía dinero para pagar la valija. Ni siquiera tenía dinero para pagar la comida, cosa que necesitaría para los próximos dos años que tardaría en volver el bote. Había agotado todo su dinero pagando por el viaje a la "tierra de los diamantes".

Dusty entró en pánico. Cuando llegó la tarde seguía sin saber qué hacer. Empezaba a sentir hambre y no sabía qué hacer sin dinero. Y ese fue el momento en el que se dio cuenta de algo realmente inusual en la "tierra de los diamantes". Una vez que el sol había caído el lugar estaba completamente oscuro. No había luces en las calles. No había una simple vela ardiendo en la isla. Nadie sabía fabricar velas. ¿Puede ser esto cierto? ¡Qué gran oportunidad!

Dusty inmediatamente comenzó a fabricar velas. La gente de la isla miraba las velas de la misma manera en que Dusty miraba los diamantes. Le compraron velas a lo loco. Rápidamente Dusty no pudo satisfacer la demanda, entonces abrió una pequeña fábrica, contrató alguna gente, y los capacitó en el arte de fabricar velas. En los dos años siguientes, el negocio de Dusty se transformó en un imperio. Se convirtió en el hombre más rico y el más honorable de la isla. Todos lo amaban. Todos los ciudadanos lo respetaban. Además empezó a exportar velas a las islas vecinas, que tampoco tenían luz.

Dusty tomó el dinero que hizo con la fábrica de velas y lo colocó en un negocio de transporte de manera de poder obtener alguna renta adicional por el transporte de las velas a otras islas. Invirtió el dinero obtenido de estos dos negocios en otro nuevo relacionado también con el transporte de las velas a otras islas. Su imperio de velas y los negocios subsidiarios seguían expandiéndose.

Finalmente, luego de que pasaron 24 meses, el bote de la villa del otro lado del mundo en la cual Dusty vivía, regresó. Entonces Dusty embarcó todas sus riquezas. Le dieron una fiesta digna de un rey. Abordó el bote para retornar a sus amados y navegar por alta mar por otros doce meses.

Cuando Dusty finalmente llegó al puerto de la villa, estaba lleno de excitación. Su esposa y sus hijos corrieron a encontrarlo. Pero cuando vieron a Dusty y el bote lleno de sus riquezas casi desfallecen. ¿Por qué? ¡Dusty había vuelto en un bote lleno de velas! Había velas por todos lados: en sus bolsillos, en los cientos de valijas, en contenedores gigantes cargados en el bote. Él había traído a casa un millón de velas. Por supuesto, estas velas valdrían billones al otro lado del mundo. Pero acá, de vuelta en casa, no valían nada.

Dusty Rhodes se había acostumbrado tanto al modo de vida de su mundo temporario que se había olvidado por completo la razón por la cual viajó hacia allá. Había olvidado qué era lo verdaderamente valioso para él y para su familia. Y si piensan en la forma en la cual la esposa de Dusty le reclamaba antes del incidente, pueden imaginarse cómo lo trató por el resto de su destrozada vida.

1.2. El poder del pensamiento

Los pensamientos son cosas. Los biólogos han descubierto que cuando tenemos un pensamiento, el cuerpo lo transforma en una molécula: neuropéptido. Los pensamientos crean la realidad.

El pensamiento positivo es la base del éxito verdadero y duradero. Llamo éxito también, a superar cualquier problema físico sin tener que recurrir a tratamiento alopático alguno.

Los pensamientos crean la realidad. Una mesa hoy es una mesa porque antes fue el pensamiento de alguien. Nada material existe en este mundo que no haya sido antes un pensamiento. Este razonamiento es comprensible cuando se aplica a cosas materiales. Surge la dificultad cuando empezamos a pensar en lo inmaterial. ¿Cómo puede mi éxito estar condicionado a mis formas de pensamiento? De la misma manera que una cosa material está condicionada a mi capacidad de poder concebirla mentalmente, aun cuando después deba realizar las tareas necesarias para traerla a la realidad, lo mismo sucede con el éxito, con el amor, con la salud, con la libertad.

Esto nos lleva al siguiente razonamiento: ¿creo el pensamiento y me siento a esperar? No, porque no pienso en una mesa y me siento a esperar a que aparezca sola. No funcionan así las cosas en este mundo material. Pero es cierto que nada que no haya concebido primero en pensamiento es susceptible de ser generado materialmente. Esta es la razón más importante por la cual uno de los pasos para alcanzar el éxito es detectar los pensamientos asociados que navegan sin control por nuestra mente. Volveremos sobre este tema oportunamente.

Se dice que los pensamientos crean la realidad. Es simple. Lo que percibimos como real (la realidad no es más que nuestra percepción de los hechos), se convierte en nuestra creencia. Aquello en lo que creemos da origen a nuestros pensamientos. Lo que pensamos crea lo que sentimos. Lo que sentimos genera determinadas conductas. Estas conductas se transforman en la nueva realidad, ocasionando pensamientos subsiguientes.

La realidad es la forma en la cual vemos las cosas que suceden, nuestra percepción, nuestra creencia, lo que genera nuestro pensamiento y así entramos en la espiral dialéctica o en el círculo que se repite automática, inconsciente y indefinidamente, hasta que lo cambiemos. Lo cierto es que ni siquiera nos damos cuenta de que así funciona la cosa y nos convertimos en esclavos de nuestros pensamientos.

Tener un pensamiento es la condición necesaria, aunque no suficiente, para lograr materializar cualquier cosa... Sí, sí, sí... cualquier cosa. Pero tiene que ser un pensamiento concreto, posible en nuestro esquema de percepción y probable en nuestro sistema de emoción. Esto quiere decir que debo pensar que es posible y probable que lo consiga y sin permitir interferencias de pensamientos de dudas o "no puedo".

Como vemos, no es un pensamiento único lo que se requiere como primer paso para materializar cualquier cosa, sino una *red de pensamientos*.

Entiendo. Si a esta altura de la lectura ya estás pensando en lo difícil que es todo esto... Cambiá el pensamiento y cambiarás el resultado.

La forma en que vemos el problema es el problema. Para cambiar una realidad, basta con cambiar la forma en la cual pensamos en ella. Tenemos el control de nuestra propia realidad, controlando los pensamientos.

En definitiva, la realidad sólo es la percepción que cada uno de nosotros tiene de ella. La realidad como hecho en sí misma no existe si no existe un observador que la perciba. Física Cuántica. La percepción es una de las funciones de nuestra mente. No podemos percibir aquello que nuestra mente no puede concebir. Con lo cual eliminamos de nuestra realidad lo que nuestra mente no está preparada para aceptar.

Dicho sea de paso, viste la película *"What the bleep do you know?"*, *"¿Y tú qué sabes?"* traducida al español, ¿no?

Es cierto que alguien puede pensar que cuando llega la factura de la luz para pagar, ésta es bastante real. Lo cierto es que es sólo real para quien tiene que pagarla y su realidad sólo depende de la percepción que de ella tenga el deudor, la cual será totalmente dependiente de la posesión o no del dinero para poder pagarla. En este sentido, la realidad es solamente una experiencia individual.

De acuerdo con la ciencia, un caracol puede ver sólo una imagen cada 4 segundos. Por lo tanto, tres cuartas partes de lo que los seres humanos vemos y experimentamos como realidad, están completamente fuera del alcance para un caracol. Aquello que vemos y experimentamos nos sirve como referente en cuanto al paso del tiempo. Nosotros lo vemos lento al caracol, pero lo cierto es que nosotros experimentamos la realidad cuatro veces más rápido que él. En su realidad, el caracol se mueve a paso normal y nosotros nos movemos a gran velocidad como cuando adelantamos una cinta de video.

A la inversa, una mosca puede ver los espacios negros entre los diferentes cuadros de una película. Ella experimenta la realidad y el tiempo a mucha mayor velocidad que nosotros. Por eso resulta tan difícil atrapar una mosca con las manos. Para la mosca, nosotros somos los caracoles. Imaginemos un caracol tratando de atrapar a un ser humano...

La verdad es que el caracol, la mosca y nosotros tenemos diferentes criterios en cuanto al tiempo y la realidad, aun cuando estemos viviendo los tres juntos la misma escena.

Si querés cambiar de realidad... ¡cambiá de perspectiva, por supuesto!

En el ser humano desarrollado, el pensamiento es la base de todo su sistema mental. Es el pensamiento el que decodifica la emoción, en última instancia, y le dice a la mente cómo debe sentirse respecto del hecho que ha sucedido, generando una química que se archiva en el organismo en forma de memoria y que servirá para ser tenida en cuenta en otras oportunidades en las cuales se experimente el mismo hecho y como respuesta automática aprendida en un hecho anterior similar. Son este pensamiento y las emociones asociadas los que nos dicen cómo deben ser nuestras acciones, las cuales son sólo el resultado de percepciones anteriores de sucesos externos procesados por nuestro sistema interno y decodificado en base a un sistema único y personal de procesamiento de información que ha quedado grabado en la mente.

¡Guau! Traducido quiere decir: *"el que se quema con leche ve una vaca y llora"*.

Lo cierto es que en función de nuestro sistema sensoperceptivo (los cinco sentidos, la atención y la memoria) vemos la realidad no como de verdad es sino como estamos condicionados para verla. ¿Condicionados? Sí, condicionados por nuestro propio sistema. Te doy un ejemplo.

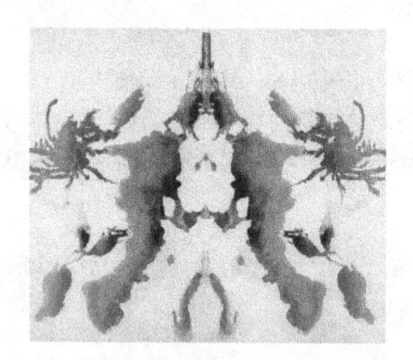

Esta imagen pertenece al test de Rorschach.

Según Wikipedia:
El test de Rorschach [rrór-shaj] es una técnica y método proyectivo de psicodiagnóstico creado por Hermann Rorschach (1884-1922). Se publicó por vez primera en 1921.
El test se utiliza principalmente para evaluar la personalidad.

Consiste en una serie de 10 láminas que presentan manchas de tinta, las cuales se caracterizan por su ambigüedad y falta de estructuración. El psicólogo pide al sujeto que diga qué podrían ser las imágenes que ve en las manchas, como cuando uno identifica cosas en las nubes o en las brasas. A partir de sus respuestas, el especialista puede establecer o contrastar hipótesis acerca del funcionamiento del sujeto.

Tardé tiempo en darme cuenta de que la imagen sólo correspondía a una mancha elaborada al azar. Siempre me pareció ver "una fiesta en el mar" con langostinos divirtiéndose, cangrejos, caballitos de mar. ¿Dónde? ¡No me digas que no los ves!

Sí, es cierto, que si vieras la imagen a color, en la fiesta la están pasando mucho mejor que en la fiesta de la imagen en blanco y negro. ¿No te parece? A mí sí. Lo sé. Lo siento.

Obviamente esto sólo está en mi mente, en mi historia y en mi percepción de la mancha, que sin lugar a dudas es únicamente eso: una mancha creada al azar.

Yo, como todos los humanos, nos armamos una idea mental de cómo es la realidad y grabamos sensaciones y emociones en nuestra mente respecto de lo que hemos interpretado como realidad. Es apenas una interpretación personal. Esto se conoce como modelos mentales. Estos **modelos mentales** condicionan nuestros pensamientos, nuestras emociones y nuestras acciones. Condicionan nuestra libertad.

Pero esto no es todo lo que podemos crear en nuestra mente cuando se trata de ver la realidad. Podemos ser muy creativos.

Vemos movimiento donde no lo hay

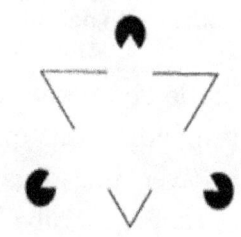

Vemos figuras donde sólo hay espacio vacío

También podemos ver más allá de lo que a simple vista se ve. ¿No me creés?

Con un poco de esfuerzo y concentración también vas a poder ver el signo escondido entre todo este dinero... Fijate bien. Está ahí. Es un poco contradictorio. Para ver tenés que desenfocar la visión. Sí, así funciona el estereograma.

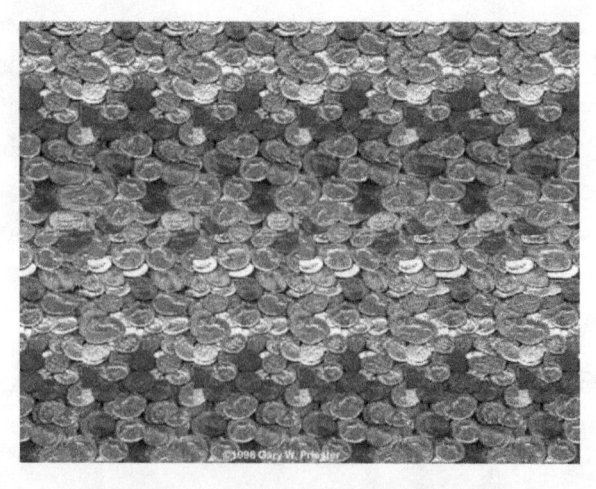

http://personal.telefonica.terra.es/web/emiliomartin2002/estereogramas.htm

Lo sepamos o no, lo queramos o no, nuestro sistema senso-perceptivo funciona de esta manera, armando modelos de respuesta.

Lo único que podemos hacer para ampliar nuestra percepción de la realidad es:

1. Aceptar que nuestra visión es parcial y poblada de limitaciones,

2. No armarnos juicios sobre la realidad dado que es sólo nuestra percepción de ella,

3. Recordar los puntos 1 y 2, permanentemente.

Si no detecto cuáles son los modelos mentales o las formas de pensamiento cristalizadas en mi mente (lo que me conduce inevitablemente a detectar emociones y acciones asociadas, en principio) en función de las cuales percibo el mundo, seguiré condicionado por respuestas automáticas que me seguirán conduciendo por los caminos conocidos que la mayoría de las veces, sino todas, me alejan de la libertad y me traen sucesivamente al mismo lugar. Aquí y ahora.

¡¡¡Hola!!! ¡Aquí estoy! Alguien grita desde nuestro interior tratando de ser escuchado. Es nuestro mejor yo, el yo que representa nuestro máximo potencial y pide a gritos tomar el timón de la historia. Pero espera pacientemente a que despertemos del letargo al que la comodidad y la costumbre nos han abandonado.

Cada día de nuestra vida que repetimos la **rutina**, o cada vez que reaccionamos de la manera en que habitualmente lo hacemos, estamos fortaleciendo el modelo mental o la forma de pensamiento, autoafirmando quiénes somos y marcando quiénes queremos ser (los mismos que venimos siendo). Esta **automatización, inercia, apatía, indolencia, pereza, desidia**... está definiendo quiénes somos. Un simple piloto automático.

Esto no quiere decir que debemos ir por la vida siendo unos desequilibrados. Sólo quiere decir que tenemos que **tomar conciencia** de que esto es lo que estamos haciendo y cambiar el patrón de pensamiento asociado a esa conducta. Porque no está mal hacer todo el tiempo lo mismo, lo que está mal es hacerlo **sin conciencia**, automatizadamente, habiendo abandonado la voluntad y sin estar presente.

Cada vez que salgo del trabajo, tomo el auto, manejo hasta mi domicilio y llego a casa sin darme cuenta por dónde es que conduje y cómo fue que de repente me encuentro en la puerta de casa... me pregunto, ¿quién estaba en control de la situación mientras yo estaba ausente?

1.3. Una telaraña de pensamientos

¿Viste alguna vez una telaraña? Pero, ¿la viste de verdad? ¿O sólo la miraste?

Te voy a decir que la araña es un ser de éxito. Ni siquiera le importa la fobia que les tengo y se pasean por mi casa como dueñas del territorio.

Su ADN viene codificado con el mejor método para construir redes. Busca cuatro arbustitos del jardín, o lo que sea, según el lugar considerado óptimo para la tarea, y se pone a armar la telaraña más perfecta que jamás te hayas imaginado. Es muy precisa en buscar los apoyos adecuados porque si uno se destruye, la tela se desarma. Nada interrumpe su trabajo, nada la detiene porque tiene un objetivo concreto y viene con la programación de fábrica. No piensa en otra cosa, no desea otra cosa, no necesita otra cosa. Ahí está durante horas, tejiendo una tela prácticamente invisible, trabaja silenciosamente en momentos en que nadie la puede ver... Mientras todos los demás descansan, ella trabaja en su tela.

¿Probaste alguna vez desarmar la telaraña? Yo sí. ¡Es toda una hazaña...! Es una construcción de extremada flexibilidad. El viento la mueve pero no la rompe, el agua la moja pero... nada, la tela queda intacta, como recién construida. Le tiré tierrita, pero algo se quedó pegado en la tela y el resto de la tierra cayó al piso. A veces, hasta hay telarañas cerca de un foco de luz que da mucho calor. Pero nada. Son resistentes a los cuatro elementos. Con el tiempo incluso podés ver atrapadas en la red algunas mosquitas que dispersas y poco atentas, cayeron en la telaraña. La verdad es que la telaraña está siempre en el mismo lugar... ¡como para que no te des cuenta! Pero, las mosquitas también traen su programación en su ADN.

La araña es bastante obsesiva con esto de construir siempre en el mismo lugar. Pero, yo también. Así que de tanto probar... logré el objetivo. Eso sí, tuve que usar artillería pesada. No hay tela que resista un escobazo bien dado.

Finalmente logré destruir su tela. Pero, ¿sabés qué?... al día siguiente estaba nuevamente construida en el mismo lugar. La araña no tenía su idolatría puesta en "esa" tela, en la tela que había construido y alguien vino y le destruyó. No perdió tiempo y energía en lamentaciones, llantos, dolores o sufrimientos. Simplemente se puso a reconstruir su tela. Y ahí estaba otra vez el circuito: los apoyos, la perseverancia, la constancia, la atención, la dedicación, la idea fija y la telaraña, renaciendo de sus cenizas.

¿Quién es la araña que construye la telaraña que son tus pensamientos?

1.4. Los pensamientos son como la telaraña.

Sos, simplemente, un entrelazamiento de células nerviosas conectadas entre sí en forma de telaraña. Tus pensamientos, tus sentimientos, tus palabras y tus acciones sólo son mensajes eléctricos circulando en esta telaraña.

Es una forma de verlo. Hay muchas otras. Pero ya vamos a llegar ahí también.

¿Escuchás ese ruido?

Al esforzarte por oír enviaste una señal eléctrica a través de millones de células cerebrales. Y al hacer esto, has definido el diseño de tu cerebro. Cuando leés estas palabras estás activando otra parte del cerebro. Estás dándole forma de pensamiento a estas palabras. Este pensamiento deja un leve trazo en tu tejido eléctrico. Lo que acabás de leer te cambió el cerebro de forma permanente. Las conexiones cerebrales que establecés con cada pensamiento, emoción, palabra, acción, con la percepción de tus sentidos, marcan una telaraña absolutamente única, la tuya, la que formas al crear estos circuitos eléctricos entre tus neuronas. Vos sos la araña que construye la tela cada vez que fijás tu atención en un pensamiento y no en otro, cada vez que dirigís tus sentidos hacia un lugar y no hacia otro.

Del mismo modo en que yo modelo la electricidad de tus conexiones cerebrales en el momento que motivo los pensamientos que estás teniendo al leer esto, tus padres, tus maestros, esculpieron físicamente tu cerebro con lo que te enseñaron. Sin esta escultura mental serías un analfabeto.

A través de tus sentidos y en la telaraña de tu cerebro, esta energía es transmutada en electricidad. Le devolvés esa energía al Universo a través de lo que elegís hacer y decir. Así el universo te transforma y vos transformás al universo también.

"El eco de sus acciones resuena en la eternidad". Dijo Máximus en Gladiador.

Cada pensamiento, cada percepción, cada emoción, modela tu telaraña personal a través de las conexiones neuronales que se establecen. Esta energía eléctrica va creando surcos en tu cerebro que dejan una huella. Cada nueva situación con la cual te enfrentás es probable que sea resuelta pasando por los surcos que ya tenés formados en tu cerebro, ¿automatizando la respuesta? Sí, de alguna manera.

Pero, ¿quién construyó esta telaraña?, ¿sobre qué pilares se sostuvo?, ¿no estaría bueno darle un escobazo y rearmarla de nuevo?

La araña tiene la costumbre de reconstruir la tela en el mismo lugar. Igual que nuestras redes neuronales. Por eso insisto e insisto e insisto. Es necesario detectar nuestros modelos mentales porque éstos son el piloto automático sobre el cual construimos nuestra realidad.

Pero, ¿cómo? Pide y recibirás.

1.5. ¿Quién es la araña que construye la red?

La araña sos vos. El único libre albedrío que tenés es elegir qué telaraña vas a construir, todo lo demás viene determinado. Construís la telaraña cada vez que elegís hacia dónde están orientados tus cinco sentidos.

La realidad ingresa a tu interior a través de los cinco sentidos. Vos y sólo vos elegís hacia dónde mirar y qué ver. Y lo que elegís ver arma tu telaraña, y esta telaraña arma surcos en tu cerebro y estos surcos crean huellas que hacen que este camino de percepción tenga preponderancia sobre cualquier otro.

Es más cómodo lo conocido porque es un camino marcado en nuestro cerebro. Pero, ¿sabés qué? Ese camino conocido hace que seas una sombra automática de lo que podés ser.

Elegís ver el noticiero con casos de "la vida real": asaltos, asesinatos, aumento de precios, políticos corruptos, crisis mundial, cortes de ruta, paro y movilización, etc. O elegís disfrutar de una buena música. Es el alimento que tus cinco sentidos le brindan a tus neuronas.

La araña es un ser de éxito. Pero no te olvides de que,

primero que nada, elige cuidadosamente sobre qué pilares va a fundamentar su telaraña.

Hoy fue un día maravilloso para un montón de gente, y también fue un día terrible para otra gente. Hoy muchas personas miraron el sol, y otros sólo vieron las nubes. Hoy escucharon los pajaritos algunos y otros el ruido ensordecedor de los camiones que pasaban por la avenida. Todo, todo, todo, en el mismo lugar y al mismo momento.

¿Qué telaraña elegiste construir hoy?

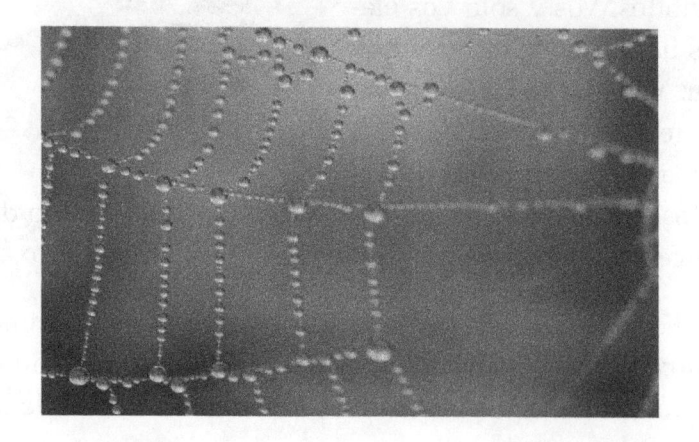

1.6. ¿Sobre qué apoyos construís la telaraña?

Cómo mínimo necesitás tres apoyos. Una mesa de tres patas se sostiene sobre el suelo, pero una de dos, no. Podés poner más también. Aunque no es la cantidad lo que importa. Vos, ¿sobre qué te apoyás? ¿Son suficientemente flexibles tus apoyos?

La araña, al igual que el ser humano, viene programada sólo para construcciones de éxito. Por eso sabe dónde apoyar su construcción de manera de hacerla sólida y flexible a la vez.

Vos, ¿sobre qué apoyas las construcciones de tu tela? ¿Sobre el **ego**? ¿Sobre el **dinero**? ¿Sobre el **poder**? Los tres pilares que usan habitualmente los seres humanos para apoyar sus pensamientos de éxito son: el ego, el dinero y el poder. Por eso hay muy poca gente de éxito verdadero.

El ego es una construcción ilusoria de quiénes somos, de qué necesitamos y de qué podemos hacer para conseguirlo. No es quienes "de verdad" somos. Con lo cual correr detrás de las necesidades del ego es correr detrás de ilusiones y fantasías y trabajar para conseguir sólo satisfacer al ego, es decir para estar más vacíos que antes. El ego se ocupa de cómo nos ven los demás y no de cómo nos vemos a nosotros mismos. Se ocupa de llenar una imagen y no de suministrar autorrealización.

El dinero es moneda corriente. Así lo define el diccionario. Todo lo demás es lo que nosotros creemos que es. El dinero es sólo una moneda corriente, un término de intercambio que comenzamos a usar cuando desapareció el trueque. Todo lo demás es fantasía, ilusión, necesidad. El dinero es un buen encubridor de otras cosas. El dinero tapa todo. Si tenemos dinero creemos que tenemos plenitud. Sólo tenemos dinero y la creencia de que con ese dinero podemos comprar la plenitud que necesitamos. Pero no es verdad. El dinero no nos brinda salud, ni amor, ni buenas relaciones. Nada de lo que necesitamos para alcanzar nuestro máximo potencial puede ser comprado con el dinero, a pesar de que es moneda corriente. El dinero no compra "realización" pero sí fama porque el dinero es el poder del ego.

Dice el diccionario que poder es "tener la facultad o potencia de hacer algo. Tener facilidad, tiempo o lugar de hacer algo. Tener más fuerza que alguien, vencerle luchando cuerpo a cuerpo. Ser más fuerte que alguien, ser capaz de vencerle." Es una palabra sumamente interesante. Si pensamos en el poder como en la facultad de hacer algo o de tener la facilidad para hacer algo podríamos considerar que se trata de ver un punto de vista desde el cual tengo o no tengo la facultad o la facilidad. Sin embargo, ya sabemos que tenemos el poder de crear, viene programado en nuestro ADN y se llama "poder de crear nuestros pensamientos". Aunque esta palabra tiene también la connotación de "tener más fuerza que alguien o ser más fuerte que alguien"... Interesante también este punto de vista porque implica desintegración y división. Las primeras células que nos conforman luego de la fecundación son "células madres", llevan en su interior la información necesaria para convertirse en cualquier cosa, en lo que sea, en la "imagen y semejanza" sobre la cual fueron creadas. No se detienen a preguntar quién tiene más fuerza o quién es más poderosa. ¿Se imaginan al hígado deteniéndose a pensar si es más fuerte que el estómago? No tiene sentido, ¿no? La palabra poder sólo nos remite a una ilusión que el ego humano necesita crear para mantener su subsistencia a salvo.

Si vas a apoyar tus construcciones sobre el ego, el dinero o el poder, date cuenta de que las estás apoyando sobre ilusiones efímeras y transitorias. Así será el valor de tus construcciones: ilusorio, efímero y pasajero.

1.7. Te rompieron la telaraña de un escobazo. ¿Y ahora qué?

Si la telaraña se convierte en tu fuente de idolatría... estás en un problema. Llamale telaraña a lo que quieras, dinero, trabajo, salud, familia. Mañana puede venir cualquiera y romperte la telaraña de un escobazo. ¡Alegrate! Tal vez sea lo mejor que te puede pasar.

Aquello sobre lo cual toda tu vida apoyaste tu telaraña, de pronto desaparece. Puede pasar. ¿Estás preparado? ¿Cómo reaccionarías?

¿Dudas...?
¿Temor...?
¿Lamentos...?
¿Dolor...?
¿Sufrimiento...?

La solidez con la cual estamos preparados para el

éxito se mide por el grado de respuesta que tenemos ante los imprevistos.

Ninguna preparación para el éxito está solidamente fundamentada si no contempla la posibilidad de que el éxito no sea lo que esperabas que fuera.

El éxito nunca es lo que esperás que sea, es mucho más. ¿Estás preparado para recibir lo máximo? ¿O sólo te conformás con alcanzar tus expectativas?

CERTEZA es lo único que te va a permitir alcanzar lo máximo. El resto es confiar en que sólo lo mejor puede resultar y seguir trabajando... sin prisa pero sin pausa, como lo hace la araña.

1.8. La telaraña del éxito

No construís una telaraña de éxito apoyándote en el ego, el dinero o el poder. Tampoco lo haces en función de lo que otros te dicen (maestros, gurús, analistas, etc.) o de las normas que otros definen (la religión, la ley, la costumbre, etc.). Venís con los planos codificados en tu interior. ¿Ya los descubriste?

El Gran Arquitecto del Universo le dio a cada araña los planos que le permitirán construir la tela o la red más perfecta con la que jamás hayan soñado. A cada araña su propio plano. Pero también les dejó señales para que puedan interpretar el contexto.

¿Qué? ¡No te escucho! ¡Ah! Que, ¿dónde están los planos? En tu interior, ¿dónde más?

Él tiene en su mente la Idea de lo que nosotros vinimos a construir, para eso fuimos creados. Somos nosotros los constructores de la Gran Idea. Somos los encargados de materializar el trabajo. Para ello vinimos con los planos y con el deseo de hacer realidad nuestros sueños. Estamos acá con la convicción de que esos sueños son parte de la Idea que Él busca realizar a través de nosotros. Somos las herramientas y somos la tarea. Somos Su satisfacción, aún cuando no necesite satisfacción alguna. ¿Podemos darnos el lujo de lograr algo menos que lo máximo que está escrito en el plano que trajimos? No sé vos. Yo no.

¿Vos ves que las arañas se pelean entre ellas por robarse los planos, o por copiarse una de la otra, o por querer hacerlo una en el terreno de la otra? No, ¿no? ¿Será que somos más primitivos que las arañas? ¿Será que no descubrimos todavía los planos? ¿Será que no podemos interpretar las señales?

Tal vez sea un poco de cada cosa. O tal vez sea todo junto. Pero la respuesta a todas estas preguntas tiene sólo una contestación.

1.9. Fuimos creados a imagen y semejanza

No estamos en este mundo para ser personas comunes y corrientes. Estamos para ser "lo mejor que hay en nosotros para ser". Qué sería de nosotros si Albert Einstein, Thomas Edison o la Madre Teresa de Calcuta, por ejemplo, hubieran decidido ser personas comunes y corrientes.

Ahora sí podés decir que de verdad conocés el secreto. Fuimos creados a imagen y semejanza y como tales con la capacidad de crear nuestra realidad. Todo lo demás son instrumentos.

Sin embargo, hay una batalla que se libra dentro de nosotros. Podemos convertir este campo de batalla en un campo de experimentación, pero una vez más, necesitamos saber primero de qué se trata.

Fuimos creados a imagen y semejanza. Hombre y mujer. Y crecimos con una bendición:

"Sean fecundos y multiplíquense, colmen la tierra, sométanla y tengan dominio sobre los seres acuáticos, sobre los seres voladores del cielo y sobre todo animal que se mueve sobre la tierra." Bereshit. Génesis. La Biblia. Vers. 28 Cap. 1.

Fuimos creados con la bendición para ser prósperos y abundantes y para tener dominio sobre nuestras cualidades inferiores. Fuimos creados con la responsabilidad de eliminar el piloto automático y expresar nuestro máximo potencial.

Pero, ¿qué hicimos con ello? ¿Asumimos el compromiso?

"Cuando la mujer vio que el árbol era bueno para comer y una tentación para los ojos, y que el árbol era propicio para lograr conciencia, tomó su fruto y comió; y le dio también a su esposo que estaba con ella. Y también él comió." Bereshit. Génesis. La biblia. Vers. 6 cap. 2

"¿¡Acaso comiste del árbol del cual te mandé que no comieses!?" Bereshit. Génesis. La biblia. Vers. 11 cap. 2.

"Dijo el hombre: la mujer que me diste, ella me dio del árbol y comí." Bereshit. Génesis. La Biblia. Vers. 12 Cap. 2.

"Entonces dijo Dios a la mujer: '¿qué hiciste?'. La mujer respondió: 'la serpiente me sedujo y comí'." Bereshit. Génesis. La Biblia. Vers. 13 Cap. 2.

No, por supuesto que no. Habiendo otro para culpar decidimos culpar al otro en lugar de asumir nuestro compromiso y hacernos cargo de nuestras decisiones. Y ésta es la trampa con la cual tenemos que lidiar cotidianamente. Nosotros mismos, nuestra falta de compromiso y responsabilidad, nuestros puntos vulnerables y débiles, nuestra automatización, inercia, apatía, indolencia, pereza, desidia. Nuestro ego.

Sin embargo, estoy segura de que comer del fruto prohibido era parte de las reglas del juego. Sino, no habría juego. Como no hay juego a las escondidas si cuando nos damos vuelta todos los chicos que se supone que tenían que esconderse están ahí esperando a que nos demos vuelta. Como no tiene sentido el juego si todas las veces que tiramos la pelota de golf la embocamos en el hoyo. La aventura del juego son los obstáculos. Si no podemos lograr el resultado con nuestro propio esfuerzo, el juego no es divertido.

El obstáculo en el juego de la vida es el ego, el piloto automático, la comodidad; lo divertido es implementar diferentes estrategias para deshacernos de estas limitaciones con nuestro propio esfuerzo, porque es esa sensación de haberlo logrado por nosotros mismos lo que nos da felicidad. Y es lo único que nos llevamos cuando nos vamos.

Pero como todo juego viene con reglas, también tenemos las reglas.

Los siete escalones

2. Una escalera de siete escalones

2.1. Los siete días de la creación

Fuimos creados a imagen y semejanza y nos entregaron el manual de instrucciones de la creación. No podía ser de otra manera. Como no tiene sentido que compremos un artefacto electrónico nuevo y venga sin las instrucciones, no tiene sentido que hayamos venido a este mundo sin un manual de instrucciones preciso de cómo funciona la cosa.

Sí, lo sé. Compramos el electrodoméstico con las instrucciones, lo enchufamos y tratamos de ver cómo funciona. Nunca leemos las instrucciones. Eso sí, sabemos que tenemos sólo tres días para probarlo y así hacer valer la garantía.

En la vida no tenemos esa oportunidad. La vida misma es la oportunidad y la garantía.

Aunque te voy a decir un secreto. No importa que leas el manual de instrucciones. Ni siquiera importa que lo comprendas. Lo único que importa es que lo apliques. Y para poder aplicarlo es necesario que conozcas los pasos. Son 7. Como los días de la creación. No es mi intención profundizar en este tema. Encontrarás numerosa bibliografía que te permitirá abordar la temática desde un punto de vista teórico. Este manual es predominantemente práctico, como lo es la vida.

Ahí va el resumen.

Día 1: De la oscuridad creó la Luz y dijo: "Haya luz" y hubo luz.

Interesante, ¿no? Sabía lo que no quería: la oscuridad. Sabía lo que quería: la luz. Tenía un claro pensamiento en mente: quiero la luz. Y usó el poder de la palabra para materializar lo que quería. ¡Quién puede resistirse a semejante poder!

Por eso, no temas al fracaso, es la oscuridad de la cual saldrá la luz que estás buscando. Necesitás primero conocer la oscuridad para luego poder comprender que querés la luz.

Día 2: Solidifica el firmamento separando las aguas de arriba de las aguas de abajo.

Es el deseo, representado por el agua, el que cristaliza, materializa o solidifica, lo que querés y deseás. De más está decir que el deseo de arriba y el deseo de abajo son de la misma naturaleza. Son uno y el mismo. Tus deseos son los deseos que el Creador ha puesto en vos.

Día 3: Separa la tierra del agua. Hace que la tierra produzca semillas.

Permite que las semillas se transformen en vegetación sabiendo que siempre los frutos serán de la misma especie que las semillas. Si plantás semillas de manzana no esperes obtener una pera como fruto.

Permite que tus semillas se transformen en fruto, de la misma especie.

Día 4: Crea el sol y la luna.

Es cuando tomamos conciencia de que hay un día y hay una noche, cuando podemos darnos cuenta de que hay pensamientos que nos conducen a lo que queremos y pensamientos que nos conducen a lo que no queremos. Pensamientos opuestos y complementarios, como el sol y la luna. Podemos liberarnos de lo que no queremos sabiendo que luego de que viene la noche, viene el día.

Día 5: Crea los animales acuáticos y los voladores.

La creación había llegado a un nivel en el cual pedía más. Pedía vida en todos sus niveles. Pedía seres vivientes de todas las naturalezas. Y es así que creó a los animales dándoles la bendición que luego le daría al hombre: "sean prolíficos, multiplíquense, colmen la tierra, sométanla y colmen las aguas de los mares. Y multiplíquense los seres voladores sobre la tierra" Bereshit. Génesis. La Biblia. Vers. 22 Cap. 1.

Sean prolíficos en sus pedidos que sus deseos son conocidos, escuchados y otorgados antes de que se produzcan. Incluso antes de que hayan sido creados como seres.

Día 6: Crea a los animales terrestres y al hombre

Toda la creación ha sido realizada por pares o a través de dualidades. Entiendo que hay un mensaje oculto en este día. Fuimos creados con el poder de elegir entre manifestar nuestro máximo potencial: ser un ser humano, o manifestar nuestros instintos primitivos (piloto automático) representados por los animales terrestres. Es nuestro libre albedrío también y es una de las normas del juego de la vida que sólo nosotros mismos podemos elegir y agradecer. Agradecer la posibilidad de poder elegir ser un ser humano.

Día 7: Descansa sabiendo que la creación ha sido satisfactoria.

El trabajo ha sido hecho, sólo nos queda SOLTAR y disfrutar como la creación se manifiesta a sí misma.

2.2. Los siete principios herméticos

Los siete principios herméticos corresponden al libro denominado "El kybalión", escrito por un autor desconocido: Tres iniciados. En él se establecen los 7 principios herméticos del funcionamiento de este universo que según los autores constituyen la filosofía de Hermes Trimegisto

Primer principio: **mentalismo**
"El TODO es Mente; el Universo es mental."

Segundo principio: **correspondencia**
"Como es arriba, es abajo; como es abajo, es arriba."

Tercer principio: **vibración**
"Nada está inmóvil; todo se mueve; todo vibra."

Cuarto principio: **polaridad**
"Todo es doble, todo tiene dos polos; todo, su par de opuestos:

los semejantes y los antagónicos son lo mismo; los opuestos son idénticos en naturaleza, pero diferentes en grado; los extremos se tocan; todas las verdades son medias verdades, todas las paradojas pueden reconciliarse."

Quinto principio: **ritmo**
"Todo fluye y refluye; todo tiene sus períodos de avance y retroceso, todo asciende y desciende; todo se mueve como un péndulo; la medida de su movimiento hacia la derecha, es la misma que la de su movimiento hacia la izquierda; el ritmo es la compensación."

Sexto principio: **causa y efecto**
"Toda causa tiene su efecto; todo efecto tiene su causa; todo sucede de acuerdo a la ley; la suerte no es más que el nombre que se le da a la ley no reconocida; hay muchos planos de causalidad, pero nada escapa a la Ley."

Séptimo principio: **generación**
"La generación existe por doquier; todo tiene su principio masculino y femenino; la generación se manifiesta en todos los planos."

No es la intención de este manual profundizar en esta temática. Sin embargo, si es de tu interés, existen numerosos sitios en Internet donde podé acceder a información sobre este tema y obtener una copia gratuita del libro, cuya lectura es sumamente recomendable.

2.3. Los siete pasos para lograrlo todo

Son siete los pasos que te permitirán alcanzar los resultados que te propongas. Como son siete los días de la creación. Sólo son siete los pasos que debemos dar para conseguir cualquier cosa que deseemos en la vida.

Sí, cualquier cosa. No se requiere nada más. Basta con dar los siete pasos correctos.

Uno, dos, tres, cuatro, cinco, seis, siete.

Si sabés contar, estás preparado para dar los pasos.

1. **Querer**
2. **Desear**
3. **Permitir**
4. **Liberar**
5. **Pedir**
6. **Agradecer**
7. **Soltar**

Si creés que aplicar estos pasos para lograr concebir a mi hija Victoria fue la tarea más compleja que tuve que realizar, creéme, ser humano, que estás equivocado. Los pensamientos negativos asociados a este comportamiento eran mínimos en la historia de mi vida comparados con los pensamientos de los que me tuve que liberar para poder encontrarme con mi alma gemela. Lo logré. Sí, con estos sencillos pasos. Pero cometí algunos errores en el procedimiento. Por ahora él vive en Stavanger, una pequeña ciudad al sur de Noruega. Y yo en Buenos Aires, una gran ciudad en el medio de la Argentina.

Con esos errores descubrí que en mi práctica cotidiana, el paso más difícil de trabajar es el tercero: permitírmelo. Podría darte un montón de excusas y justificaciones que avalan mi falta de valentía en este paso. Pero imagino que tendrás tiempo de armar las tuyas.

Ahora bien, podés llenarte de razones para no poner

en práctica el verdadero trabajo. Pero no digas que no funciona sin antes haberlo probado por vos mismo. No soy mejor que nadie y a decir verdad soy bastante perezosa. Por lo que puedo asegurarte, sin temor a equivocarme que funciona para todo. Para cualquier cosa que desees. ¿Un millón de dólares? Sí, también para eso.

Es como haber conseguido la lámpara de Aladino de verdad. Es un instrumento muy poderoso. Sólo hay que saberlo usar y divertirse practicando. Siempre podemos ajustar los errores que cometemos. Eso es lo que hacemos en el juego al que llamamos vida.

¿No viste la película *"Al diablo con el diablo"*? Con Elizabeth Hurley y Brendan Fraser, del Director Harold Ramis.

Ahora sí.
A trabajar.
Con entusiasmo.

Querer

3. Primer paso: Querer

¿Qué querés? ¿Qué podrías querer si supieras que existe 100% de posibilidad de que lo consigas? ¿Por qué querrías eso? ¿Cuál es la sensación que podés asociar al hecho de conseguir lo que querés? ¿Podrías querer eso mismo para todo el mundo?

Es cierto. Podés querer neuróticamente. Es decir: querer esto y querer esto otro también y querer lo de más allá y lo de más acá. La ley no tiene restricciones morales, ni religiosas, ni políticas, ni de ninguna naturaleza. Pide y recibirás. Incluso si pedís miseria. Muchas veces pedimos carencia sin darnos cuenta. Es sencillo. Si te pido que no pienses en un elefante blanco volando por la habitación, seguramente tu primer pensamiento será el elefante blanco. Así es: pide y recibirás. Aún cuando sea justamente eso lo que no querías.

Por eso el querer es el primer paso de todo el proceso. Cuanto más alerta estemos a descubrir qué es lo que estamos queriendo, más control vamos a tener sobre los resultados del proceso. Los resultados de hoy son los quereres automáticos del ayer.

Vayamos por pasos. Empecemos de lo general a lo particular. ¿Sabés lo que querés? Sí, todos sabemos lo que queremos. Aún cuando no nos animemos a quererlo.

Todos queremos éxito. Pero ...

3.1. ¿Qué es el éxito? Primer ejercicio práctico

A partir de ahora vas a comenzar un proceso de ejercitación. Te sugiero que te compres un cuaderno. Una vez que lo tengas te pido que lo ocultes de la mirada indiscreta de terceros ajenos a tu éxito y que comiences a registrar toda tu tarea en ese cuaderno. Los resultados aumentan tu motivación.

Entonces, ¿qué es el éxito? ¿Qué es el éxito para vos? Definí éxito. Éste es tu primer ejercicio. Tomá lápiz y papel y redactá una definición: la tuya, la que te parezca, la que creas más adecuada.

No sigas leyendo hasta que no hayas redactado tu definición de éxito.

No vale hacerte trampa.

Cuestionario:

1. Para VOS, ¿qué es el éxito?

2. ¿Qué NO es el éxito?

3. ¿Estás seguro/a?

¡Ojo!, no sigas leyendo hasta no terminar el ejercicio.

El sendero del éxito es largo y aburrido porque no estamos seguros del destino final al cual nos conduce.

Más aún si tenemos que hacer toda esta lista de ejercicios interminables cuyo sentido no nos es revelado. Pero, si te aseguraran que te conduce al éxito verdadero... ¿estarías dispuesto a seguirlo? Ok. ¿Y qué te hace pensar que no te lo estoy asegurando?

El siguiente ejercicio también es OBLIGATORIO.

Describí las siguientes cuestiones:

¿Cuál es el tipo de éxito que deseás alcanzar?

Detallá las conductas propias que creés que te acercan al éxito que buscás.

¿Qué creés que es importante llegar a ser en la vida?

Describí la clase de ser en quien te gustaría convertirte.

¿Estás seguro/a?

Mencioná y describí qué y cómo podés-debés ser o hacer para lograrlo.

No te preocupes. Poné la verdad. Nadie va a leer la lista.

Detallá (nombre y apellido) las personas que creés que ya han logrado el éxito que admirás y te gustaría alcanzar.

Describí las características que las convierten en exitosas a tu criterio.

Mencioná el tipo de éxito que creés que han alcanzado.

¿Por qué creés que tienen éxito?

¿Por qué creés que vos no lo tenés?

Insisto a riesgo de aburrir y molestar: es importante

que sepas que el éxito sólo puede aprenderse descubriendo el secreto que esconde.

Para cambiar sólo hay que cambiar.

La actitud con la que realices estos ejercicios es el empeño que le estás poniendo a la obtención de tu éxito. Fijáte ahora:

¿Es tu actitud de este momento la adecuada?

¿Es la actitud que te conduce al éxito que estas buscando?

3.2. El éxito está en tu ADN

Nuestro ADN viene programado con la mayor historia de éxito que te puedas imaginar. Empieza aproximadamente nueve meses antes del nacimiento.

Millones de espermatozoides inician una travesía frenética que los conduce por la vagina, el útero y las trompas de Falopio hacia el tercio externo de ésta última donde se encuentran con el óvulo. Muchos mueren en el camino, otros no tienen la fuerza de seguir nadando, pierden su cola, se confunden con el panorama, se entretienen con otras cosas... etc., etc., etc. Apenas 30 de los que iniciaron el camino logran sobrevivir el recorrido y cooperan entre sí para que sólo uno penetre el óvulo, si logra atravesar la zona pelúcida que es la membrana que recubre el óvulo y no permite intromisiones extrañas. Somos, en parte, ese espermatozoide que logró llegar.

Esta es la primer parte de la historia del éxito que es nacer: el espermatozoide logró llegar y logró penetrar el óvulo. Una vez adentro del óvulo, la cabeza del espermatozoide que ingresó se hincha hasta formar el pronúcleo masculino. Por su parte, el óvulo completa la meiosis, formándose el pronúcleo femenino. La visualización de ambos pronúcleos en el óvulo constituye la primera evidencia de éxito: la fertilización.

Enseguida, al cabo de dos horas, se realiza un proceso en el cual se duplica el ácido desoxirribonucleico (ADN) e inmediatamente se fusionan los dos pronúcleos, ocurriendo un intercambio de material genético entre los cromosomas del padre y de la madre, cada uno de los cuales, al perder las membranas que los envuelven, aportan 23 cromosomas, haciéndose una célula diploide con 46 cromosomas. Esto es lo que se conoce como singamia.

Este proceso es crucial y es, tal vez, la segunda evidencia de éxito, puesto que por un lado marca la finalización de la etapa de fertilización y por el otro indica el comienzo del desarrollo del nuevo ser.

Ahora sí, a partir de este momento comienza una sucesión de éxitos imposibles de imaginar y de un alto grado de perfección. Empieza la división celular. Una célula se divide en dos, cada una de esas células se vuelve a dividir en dos, cada una de esa cuatro células se vuelve a dividir en dos: ocho, dieciséis, treinta y dos, y así sucesivamente hasta formar, cuatro días después de la fecundación, un compacto celular llamado mórula. Cada célula de la mórula es idéntica desde el punto de vista genético y cada una de ellas tiene la potencialidad de generar por sí misma un nuevo ser. En el transcurso del quinto día del proceso aparece una cavidad dentro de la mórula, formándose así el blastocisto, en el que comienzan a diferenciarse las células.

Principal etapa de éxito en nuestra existencia. Siglo XXI y aún la ciencia no ha podido explicarse cómo o por qué una célula madre se transforma en una célula del hígado, otra en una célula del corazón, otra en una célula del cerebro. Es indudable que el éxito viene programado en nuestro ADN.

Lo cierto es que algunas de esas células conformarán la futura placenta y otras el bebé con una precisión sin precedentes en la historia de la humanidad.

Mientras tanto ha comenzado el camino de retorno de aquel espermatozoide, que ahora unido al óvulo, tiene que formar el nuevo hogar. Al cabo de 48 hs, la mórula se desplaza por la trompa hasta 4 o 6 días después de la fecundación, para caer luego en la cavidad uterina. Es cierto que la trompa no es un tubo recto, sino que es un órgano con movilidad y funcionalidad. En su interior existe una mucosa conocida como endosalpinx, formada por canales o surcos llamados pliegues que recorren la trompa a lo largo y sirven de guía para el viaje de espermatozoides. También cuentan en su interior con pequeños filamentos que permiten el viaje del óvulo y posteriormente el embrión, en sentido inverso al recorrido de los espermatozoides, hacia la cavidad uterina. Esto, si todo funciona de acuerdo con lo planeado y el óvulo fecundado no decide implantarse en la trompa, fracaso conocido como embarazo ectópico.

Finalmente, habiendo logrado el éxito (otro eslabón en la cadena de acontecimientos exitosos que nos han traído a la vida), el blastocisto se desprende de la membrana pelúcida cuando entra en la cavidad uterina y alrededor del séptimo día de desarrollo se implanta en el endometrio del útero. Test de embarazo positivo de por medio, creemos que la sucesión de éxitos terminó. Pero no.

Nueve meses más tarde e innumerables cantidades de otros éxitos, nacemos al mundo como la mayor historia de éxito jamás contada. Todos, sin excepción.

El éxito está en nuestro ADN.

Ahora, analicemos un poco.

Si venimos programados de nacimiento para alcanzar el mayor éxito de todos los tiempos, **nacer**... ¿cómo es que nos las arreglamos para fracasar? ¿Cómo podemos atrevernos si quiera a pensar en el fracaso?

El éxito es nuestro derecho de nacimiento.

Es cierto que seguramente habrá algunos intentos fallidos antes de llegar a ser lo que somos.

Pero si hoy estamos leyendo esto es porque en la historia prevalece el éxito y no el fracaso.

Si tu primera pregunta es, ¿por qué yo voy a conseguir el éxito? O, ¿cómo es que yo voy a conseguir el éxito? La respuesta es sencilla: ¿por qué no? El éxito está en tu naturaleza. Lo extraño es que no lo consigas...

3.3. ¿Qué es el éxito?

El diccionario de la Real Academia Española define éxito (del latín exitus) como: *"resultado feliz de un negocio, actuación, etc. Buena aceptación que tiene alguien o algo. Fin o terminación de un negocio o asunto."*

No obstante, la verdad es que no todo negocio o asunto que termina lo hace en situación de felicidad, todo resultado es un éxito. Pero bueno, esa es una historia para más adelante.

Hay un libro antiguo que tiene una definición de éxito que me parece muy apropiada:

"¿Qué es el éxito? Ser exitoso en algo es tener la habilidad y el poder de hacer las cosas que queremos hacer cuándo y dónde las queremos hacer, o tener lo que queremos cuando lo queremos y por tanto tiempo como lo queramos tener."
Cómo atraer suceso. F.W.Sears.

Lo interesante de esta definición es que nos da el control sobre nuestro éxito. Y lo define como una habilidad y un poder que está en nuestras manos. Así siento que es el éxito. Sin embargo, incluiría algo más.

Estoy segura de que el éxito no es un resultado sino un proceso. No es un objetivo o una meta sino un estado de conciencia. Y esto nos lleva a un tema que es importante tratar desde el principio para evitar confusiones y malos entendidos. La definición de éxito es total y absolutamente personal, subjetiva y puede experimentarse o padecerse su carencia en diferentes áreas de la vida.

Creo que el éxito es una sensación de plenitud duradera aplicable a todos los aspectos de nuestra vida. Y a todos al mismo tiempo. Y estoy segura de que sólo conseguimos el éxito como resultado de nuestros propios logros y en la medida en que involucre todos los aspectos de nuestra vida. No creo que podamos ser exitosos en lo económico y fracasemos en lo emocional.

Aunque hay sensaciones muy parecidas al éxito... pero son temporarias y efímeras... y una vez que se va el efecto del éxito obtenido de manera casual y arbitraria (es decir, no como resultado de nuestro propio empeño), otra vez vamos a tener el mismo vacío interno.

Sí, ese agujero negro que nos hace salir a comprar, a buscar afuera algo que pueda tapar la oscuridad que nos consume porque no encontramos energía adentro. Por supuesto esta es una conducta automática e inconsciente que probablemente no estemos preparados para aceptar todavía.

El éxito no es lógico. Pero tampoco es una cosa que sucede por azar. *"Yo no creo en la suerte, en error o accidente"*. Dice la Bersuit.

El éxito es simplemente un estado de la mente. El éxito no está en las cosas que se hacen sino en la persona que se es. En este sentido el éxito no hace a la felicidad, pero la felicidad sí hace al éxito. Siendo felices tenemos el éxito asegurado.

Bien. Pero, ¿cómo somos felices? Teniendo éxito en todos los aspectos de nuestra vida al mismo tiempo. Es decir, teniendo plenitud duradera. Siendo plenos. Dando lo mejor que hay en nosotros para dar. Con entusiasmo y alegría.

Podemos improvisar algunas definiciones de éxito. Para algunos animales, por ejemplo.

Las cucarachas son seres de éxito. Han logrado sobrevivir millones de años en el mismo estado en que se encuentran cuando el planeta ha experimentado sucesivas extinciones de otras especies, hechos naturales, bombas atómicas, etc. que no parecen afectar a las cucarachas pues decididamente se han comprometido con su deseo de persistir en este planeta, aún cuando no quede otra cosa. Indudablemente las cucarachas saben lo que quieren...

Los cocodrilos, por su parte, han tomado su decisión también. Pero a otro nivel. Su éxito consiste en conservar su instinto primitivo. El resto de las especies han evolucionado en el sentido de ampliar su cerebro y desarrollar otras capacidades más o menos cognitivas. Pero el cocodrilo, aún cuando la evolución se mueva en otro sentido, ha decidido mantener su instinto primitivo de conservación. Actúa por impulso, tira el mordisco a cuanta sombra se le acerque sin identificar qué, quién, cómo ni cuándo. Y si muerde, caso terminado.

Siendo el ser humano el animal que más ha evolucionado con el tiempo... ¿cuál es nuestro éxito como especie?

¿Cuál es nuestro éxito como individuos?

En los inicios del Siglo XXI hemos logrado muchos éxitos. Electrodomésticos de diferente calidad y cantidad. Microchips que han permitido crear cámaras con las cuales invadir un cuerpo humano sin que éste siquiera lo note. Armás de guerra automáticas y satelitales. La voz de una mujer que nos guía cuando conducimos en cualquier parte del mundo y nos "recalcula" los trayectos cuando nos equivocamos de dirección (navegador por GPS). Viajes espaciales, otros mundos, genomas, nanobiotecnología, física cuántica, etc.

Pero, ¿cuál ha sido nuestro éxito?

Somos tan vulnerables a una infección como lo éramos en la época medieval...

Indudablemente necesitamos redefinir lo que entendemos por éxito, ¿no?

¿Qué tal te fue con tu definición?

La verdad es que nadie puede decirte si está bien o si está mal. El éxito es una definición individual y única. El de los cocodrilos, el de las cucarachas y el de los humanos también, como individuos y como especie.

3.4. ¿Qué no es el éxito?

Como vivencia padecida sucesivas veces, el "no éxito" resulta fácil de definir.
La lista es seguramente larga y mucho más clara que la anterior.
Es siempre más fácil saber qué es lo que no queremos, que descubrir qué es lo que queremos.
No queremos no tener éxito. Pero, ¿qué es tener éxito? Caímos

nuevamente en la trampa. ¿Es tener el verbo que debemos aplicar al éxito?

El éxito no es acumular dinero, no es tener posesiones o control o poder, no es la felicidad, ni la sabiduría, no es el reconocimiento, ni el honor, ni el aplauso público, no es la prosperidad ajena, no es algo que viene de afuera, no es algo que alguien me puede dar, no es egocéntrico, no es individual, nunca es individual.

Acumular dinero sólo es eso, acumular dinero. De ninguna manera podemos medir el caudal de éxito que ha logrado una persona por la cantidad de dinero que ha conseguido depositar en su cuenta bancaria. El dinero acumulado no trae plenitud. Definimos éxito como la sensación de plenitud duradera. Si bien es cierto que el dinero puede brindar la ilusión de seguridad económica, no puede otorgar plenitud duradera, salud, o amor. Puede comprar amor. Pero eso no es amor verdadero.

Muchas veces el deseo de acumular dinero sólo oculta la necesidad de tapar algún agujero interior: miedo, insatisfacción, inseguridad, baja autoestima. El dinero acumulado no nos va a tapar el agujero. Sólo nos va a crear otros agujeros.

Dice Facundo Cabral: *"El conquistador por cuidar su conquista se transforma en esclavo de lo que conquistó"*.

Muchas veces creemos que si tenemos ese auto nuevo nos vamos a sentir mejor, si logramos ese ascenso que buscamos, cuando nos mudemos, etc. Cuando pase "X" vamos a lograr "Y". Y la verdad es que cuando pase "X" tal vez no logre "Y" y lo más probable es que empiece a gestar otra necesidad sin alcanzar aún la satisfacción de la primera necesidad.

Todos estos deseos, en definitiva, terminan siendo condicionales, es decir, sujetos a una condición.

El éxito no está sujeto a ninguna condición dado que el SER sólo busca ser y no requiere cumplir ninguna condición para lograrlo. Al SER le basta con ser.

Pero sigamos con lo que no es el éxito.

El éxito no es aprovecharse de los otros o de algo, no es manipular, no es la ley de la selva o de la jungla, no es control mental, ni ninguna otra clase de control; no es devorarse unos a otros, no es la supervivencia del más apto. Puede ser que algunas de esas actitudes nos generen la falsa sensación de que estamos en control, en situación de éxito, pero esa sensación no es duradera. Sólo es controlar, empujar, manipular, herir, y ninguna de estas acciones puede terminar en éxito.

El éxito, la plenitud que trae, la felicidad, no están sujetos a condición externa alguna. Surgen del interior, no vienen dados por el afuera o por los logros de tal o cual cosa o la obtención de tal o cual beneficio. El éxito es algo natural, es la abundancia que manifiesta la naturaleza en todas sus formas.

Es la cadena de ADN con la cual venimos programados.

Volvamos a tu ejercicio anterior.

¿Qué tal te fue con tu definición de éxito?

¿Aclara esto un poco más las cosas?

Sí, esta parte es difícil. Pero si no empezamos bien desde el principio, no vamos a terminar bien. Creéme. Si querés resultados extraordinarios, no pidas esfuerzos ordinarios.

3.5. ¿Qué querés?

Bien. Como vamos dándonos cuenta, el sendero al éxito esta plagado de buenas intenciones. Igual que el camino al infierno.

Ciertamente este análisis nos conduce al pensamiento de que hay partes de nosotros que quieren unas cosas y partes de nosotros mismos que quieren otras cosas, o que su naturaleza es actuar en un sentido diferente al que nosotros queremos. Y así es. Bienvenidos a la aventura que llamamos vida. Esto hace más interesante todavía el recorrido del sendero del éxito. Lo adorna con obstáculos que deberemos sortear para hacernos felices acreedores de nuestro deseo, monetario o no.

Sabiendo esto, podemos viajar prevenidos de los peligros con los que vamos a encontrarnos en el camino. Entonces, estemos atentos. Volvamos al punto.

¿Qué querés?
Dale, empezá a anotar… ¡En el cuaderno!
Tomate 5 minutos y anotá lo que te viene a la mente.
Ya. No sigas leyendo hasta no tener la mini lista.

¿Qué querés?
Bien. Dejá esta lista al alcance porque vamos a trabajar con ella.

Sin embargo, ahora es el momento de ir un poco más profundo. Sabés lo que querés. Pero, **¿quién es el que quiere?**

Muchas de las cosas que creemos que queremos son implantadas. ¿Qué quiere decir esto exactamente? La educación, la sociedad, las creencias, las ideologías, las costumbres, la cultura, etc., son instrumentos movilizadores de nuestras necesidades. Es posible y bastante probable que según sea el lugar en el cual nos hayamos educado será la necesidad que creemos tener. Según el tipo de sociedad, va el tipo de deseo... Y así sucesivamente.

Pero volvamos al punto: ¿quién es el que quiere? Pregunta que nos conduce a otra pregunta: **¿quién soy yo?**

Y es también interesante darnos cuenta de que necesitamos desandar un largo camino antes de comprometernos con el sendero del éxito. Porque nos ha llevado una vida armar lo que creemos ser, lo que se espera que seamos, lo que nos gustaría ser... y debemos saber lo que desde adentro somos antes de buscar el éxito que nos proponemos. Tal como estamos biológicamente constituidos, el éxito está asegurado. Ahora necesitamos saber **qué tipo de éxito nos conduce a revelar nuestro mayor potencial**. Podemos conseguir cualquier tipo de éxito. Pero hay sólo una clase de logro que nos permitirá revelarnos en todo el esplendor con el que fuimos creados. Y es el tipo de realización con la cual revelamos nuestro mayor potencial. No vamos a conformarnos con menos. Sí, es cierto, son muchas preguntas, lo sé. Pero si el sendero del éxito fuera tan fácil, cualquiera sería exitoso. Recordá siempre, siempre, siempre: el éxito está en nuestro ADN, nuestro ADN fue programado para el éxito, pero no para reconocer cuál es el éxito que nos permite alcanzar nuestro máximo potencial. Sobre eso tenemos que trabajar desde otro nivel del Ser. Y para eso es este manual.

Porque primero necesitás saber algo.

3.6. ¿Quién eres?

¿Quién eres? Si nos hacemos la pregunta desde la Psicología es probable que la respuesta surja con claridad: somos nuestra personalidad. Y es la personalidad la que no sólo determina el ser sino también la conducta. Pero, ¿qué es la personalidad? Es sencillamente la suma del carácter y el temperamento. Los psicólogos llaman temperamento a la parte innata, genética, de la personalidad y carácter a lo que hemos ido adquiriendo a través de la experiencia personal. ¡Ojo! Todavía no terminan de ponerse de acuerdo sobre en qué porcentaje somos de nacimiento y en qué porcentaje somos el producto de lo que fuimos adquiriendo.

Lo cierto es que a lo largo de tu vida sólo has logrado acumular información acerca de lo que eres. Con lo cual, sos lo que sabés acerca de vos mismo. Sos la suma de los años de conocimiento acumulado. Mucho de ese conocimiento te ha venido por experiencia propia. Desde niños queremos tocar, ver, oler, escuchar, vivenciar el mundo con nuestros propios sentidos. Pero también iniciamos un proceso de socialización, lo cual significa recibir mandatos, costumbres y condicionamientos de nuestro entorno.

Si de verdad somos lo que sabemos acerca de nosotros mismos, somos algo que somos y algo que hemos sido condicionados para ser por implantes externos, conscientes o inconscientes, voluntarios o involuntarios, no importa mucho.

Nos han impuesto los implantes nuestros abuelos, padres, educadores, pastores, curas, rabinos, políticos, etc. Todos aquellos que nos inculcaron los mandatos relacionados con la riqueza y la pobreza. *"Pobre pero honrada"* decía mi abuela.

Indudablemente debemos revisar nuestra programación.

Sin un análisis de esta estructura programada de creencias, nuestras reacciones serán siempre las mismas, y ya sabemos que hasta ahora nos han traído hasta acá. Por dotada, capaz o decidida que sea una persona, todos los intentos de lograr un triunfo permanente fracasarán hasta que analice su programación y el consiguiente comportamiento autodestructivo y haga los cambios necesarios.

Hasta tanto logremos reeducarnos y redescubrir quiénes somos de verdad, es recomendable que descartemos nuestra primera reacción. Seguramente proviene de algún reflejo condicionado, de algún implante colocado en el proceso de socialización.

El éxito está en nuestro ADN y en nuestro instinto, pero la programación también. La grabamos con nuestros hábitos.

En última instancia, el problema de la mayoría de las personas es que no sacan el piloto automático.

La vida no cambia si el piloto que la conduce no cambia. Lógica primaria.

"Si seguimos haciendo las cosas como las venimos haciendo, seguiremos obteniendo los resultados que venimos obteniendo". Lógica de Einstein.

Cada día es igual, mismo horario, misma rutina, mismo pensamiento, misma automatización... mismo resultado.

Somos criaturas de costumbre. Hacemos y transmitimos lo que sabemos: el condicionamiento, el implante. No importa cuándo y dónde comenzó todo; lo importante es cuándo y dónde termina.

Nosotros decidimos cuándo y dónde termina.

Debemos tomar una decisión consciente de no permitir que el condicionamiento dirija nuestra vida nunca más.

Y esta es una decisión que debemos tomar
AQUÍ Y AHORA.

Estamos preparados genéticamente para lograrlo.

He aquí el por qué de los fracasos y la respuesta a la

gran pregunta. Son los pensamientos acerca de quienes somos los que nos hacen fracasar. Por eso debemos primero saber quiénes de verdad somos para descubrir que no hay límites a nuestros deseos, sólo pensamientos que los limitan. Pensamientos que creamos nosotros por aceptación o por elección.

Entonces, vos, ¿quién sos?

3.7. Ejercicio práctico 2

El siguiente ejercicio es OBLIGATORIO.
Tomá papel y lápiz.
Respondé las siguientes preguntas. Es importante que sigas el orden de las preguntas. Leé la primera y respondé antes de leer la segunda pregunta y así sucesivamente.

1. Detallá (nombre y apellido) las personas que admirás (pueden estar vivas o muertas, ser familiares o no, próceres, héroes, reales o imaginarios)
2. Mencioná las características, actitudes o aptitudes que admirás de esas personas
3. ¿Cuál de esas personas creés que no ha tenido éxito?
4. ¿Cuál de esas personas creés que sí lo ha tenido?
5. ¿Qué características creés que tienen esas personas que les han facilitado alcanzar el éxito?

Para empezar este recorrido de los 7 pasos es requisito necesario haber respondido las preguntas del inicio. Requisito necesario. Única forma de llegar a saber qué es el éxito, de verdad. Si querés que el teléfono funcione, tenés que discar el número correcto.

Bien, asumamos que esta intimidación es suficiente para que te tomes el trabajo de responder la pregunta. Pero si no lo fuera, es importante que sepas que el éxito únicamente puede aprenderse descubriendo el secreto que esconde. Y este secreto sólo se conoce a través de la experiencia personal. Te lo pueden contar, te lo pueden asegurar, te lo pueden garantizar, te lo pueden mencionar, explicar, describir. Ya lo sabías, ¿no? Pero es algo que no viene de afuera. Por eso estamos haciendo toda esta tarea. Y la que viene más adelante también.

Es la repetición la que forma los hábitos.

Tenemos la costumbre de detenernos ante la primera pereza que nos aparece. Creamos excusas y justificaciones válidas para sustentar nuestro detenimiento. El resultado final es que sólo el 7% de la población mundial tiene el éxito que se dedica a trabajar.

Vos, ¿en qué porcentaje te gustaría estar? De acuerdo a tu empeño será tu resultado. Cuando obtengas lo que buscás te vas a dar cuenta de que ningún esfuerzo es mucho considerando la felicidad que te da obtener el resultado.

Ahora, si tu intención es adquirir el conocimiento intelectual del proceso del éxito: no hace falta que contestes la pregunta.

Gracias y bienvenido al éxito, tú éxito, el que te permitas regalarte.

3.8. Ejercicio práctico 3

Bueno, ahora viene la parte sencilla. Todo este proceso fue para ayudarte a pensar sobre qué querés.

¿Tenés claro ahora qué querés?

Si lo tenés claro, hace una lista sencilla en la cual describas:

1. Fecha del día
2. Qué quiero (algo lo más concreto que puedas)
3. Para cuándo lo quiero

Un ejemplo práctico que te puede ayudar:

LA LISTA de lo que quiero.

16/01/2009 Un millón de dólares en efectivo para el día 16/01/2010.

16/01/2009 Vender mi casa de la calle... en U$S... antes del...

16/01/2009 Ser propietario de un auto marca... modelo... color... antes del....

Esta lista puede ser igual a la lista que ya confeccionaste rápidamente o puede ser más amplia.

Si todavía no lo tenés claro, no te preocupes. Cuando lo

tengas claro, confeccioná tu lista. Te garantizo que va a ir cambiando a medida que vayas profundizando en la lectura.

Adicionalmente...
Podrías anotar la lista de pensamientos, emociones, sensaciones, diálogos internos y demás que te produjeron leer el ejemplo práctico de más arriba.

Ejemplo de un pensamiento puede haber sido:
"La lista dice un millón de dólares... Mirá si voy a conseguir un millón de dólares en un año..."
"¿Un millón de dólares? Sí... ni que fuera Rockefeller..."
"Todo este trabajo no va a funcionar"
"Es una fantasía"
Y sus derivaciones.

Esto sea quizá lo más importante que hagas en todo el trabajo. Gracias.

De paso te cuento que mientras estoy escribiendo esto se acaba de sortear el Quini 6. Hay un sólo apostador que logró ganar 2.500.000 dólares. Sí. Un sólo apostador. Bien. Tal vez ese millón de dólares que anotaste en la lista puede crecer un poco más. ¿Puede crecer tu mente para permitírtelo?

No me vas a decir que esta persona que se ganó ese premio tiene algo diferente de vos mismo. Ok. Dos millones y medio de dólares más. Por ahora. Sólo por ahora.

De todas maneras, y para que sepas, te cuento que hay estadísticas que estudian cuántas personas son capaces de mantener el dinero que ganan en la lotería al término de un año. ¿Sabés cuántas? ¿Querés saber por qué no logran conservar el dinero? Porque no fue obtenido por su propio esfuerzo y no son conscientes de que ha sido su logro obtenerlo. ¿Que no ha sido su logro obtenerlo? Por supuesto que sí. Es la ley. Pero como en algún lugar de su mente piensan que no se lo merecen... lo pierden. No todos. Quedate tranquilo. No todos.

¿Ya tenés la lista de lo que querés?
Entonces...

3.9. Sonríe y sé feliz

Te pido que estudies un poquito la lista. Y te pido que te preguntes "¿por qué?".

¿Por qué querés lo que querés?

En principio probablemente te surja la idea de que lo querés porque pensás que te va a dar algo que estás buscando. Es la típica "si consigo X me va a traer Y". El querer con condiciones.

Pero si seguís preguntándote ¿por qué?, vas a ir descubriendo que el Y final, escondido detrás de todos los X, es la felicidad. Pensamos que esas cosas que queremos, en definitiva, nos van a traer la felicidad.

Todo lo que queremos es porque buscamos la energía que nos trae el hecho de conseguirlo. A eso le llamamos felicidad. La felicidad que nos produce haberlo logrado.

Si aprendemos a ser felices directamente, no vamos a necesitar ninguna de esas cosas que creemos nos van a dar esa felicidad que buscamos sin darnos cuenta.

Por eso: sé feliz y todo lo demás te será dado por añadidura.

Y si no podés ser feliz por ahora.

Empezá fingiendo que lo sos.

Así te empezás a creer que podés serlo y como en eso focalizas tu atención eso es lo que vas a conseguir.
Sonríe y sé feliz.

¿Que no hay razones para ser feliz? Lo que no hay es conciencia. Razones hay miles. Pero tenemos la costumbre de dar por sentado que si hoy nos vamos a dormir mañana nos vamos a despertar, como si nada. Que tal si hoy fuera el último día de tu vida. ¿Tendrías razones para ser feliz? Hacé la lista. Sí, anotalo en el cuaderno. Y revisalo todos los días. Para no olvidarte.

Cada día en que te despertás, es una nueva oportunidad de jugar con entusiasmo al juego de la vida.
La vida es un juego de autodescubrimiento. Vos sos el único jugador de este, tu juego. El universo te suministra todas las herramientas para que puedas jugarlo con lo mejor de vos. Y vos, ¿lo estás disfrutando?

Ese es el único secreto verdadero.

3.10. Sugerencias

Como ya conocés el secreto no hace falta que te recuerde que el sistema funciona aunque no creas en él y que atrae hacia vos todo aquello en lo cual concentrás tu atención, ya sea que en la lista indiques lo que querés o lo que no querés.

Conozco una persona que como primer item de su lista pidió PODER. Sí, sólo eso... poder. Todavía está luchando para "poder" resolver todos los problemás con los que se encuentra en cada uno de los pasos que da en su vida. Increíble, ¿no? Sin embargo, sigue pensando que todas las cosas le suceden por "culpa" de algún otro y se lamenta por no poder tener el control de su vida.

Una amiga que está intentando hacer crecer la actividad de su empresa puso en su lista: Crecer la estructura de la oficina. Aumentar sueldos y que cada empleado logre los objetivos económicos que desea.

Aunque rápidamente hizo los ajustes necesarios. Hacer crecer la estructura de la oficina no significa que esto va a traer beneficios económicos con los cuales poder pagar el crecimiento de la estructura. Ella sólo pedía hacer crecer la estructura. Pide y recibirás. Idéntico pensamiento se aplica al tema de "aumentar sueldos". En relación con el pedido de logros económicos para los empleados... nunca debemos inmiscuirnos en el libre albedrío de otras personas. Podemos realizar nuestra lista de pedidos. Pero a cada cual según su voluntad. No debemos realizar lista de pedidos por otros. Apenas podemos arreglarnos con saber qué es lo que nosotros queremos. No necesitamos utilizar nuestra energía para descifrar lo que los otros quieren.

Te recuerdo que el trabajo que estás haciendo es INDIVIDUAL y PRIVADO. Cuanto más en privado puedas tener tu trabajo, menos energía estás repartiendo y estás reservándola para depositarla en tu éxito.

Al resto de la gente, creeme, no le importa lo que vos querés más que para ver qué es lo que ellos quieren. Mucha gente solo quiere lo que los otros tienen para mostrar cuánto valor han logrado o lo importantes que son. Y esto no te sirve a vos ni le sirve a los otros. Por eso, te recomendamos silencio y privacidad.

Si necesitás ayuda con la lista de lo que querés, podés ingresar en www.conoceselsecreto.com.ar y solicitar auxilio. También podés consultar la sección "cómo confeccionar una lista de querer que me asegure obtener lo que de verdad quiero".

3.11. La zona de confort

"Conformate con lo que te tocó vivir". Seguramente este es uno de los primeros pensamientos asociados al fracaso. "Conformate". "Te tocó vivir". Y son las frases que escuchamos de nuestros padres y educadores a medida que vamos creciendo y demandando mayores explicaciones. Son las zonas de confort que nos dejan inmóviles, paralizados ante cualquier idea en general. Gracias al cielo, la mayoría de nosotros no le haremos caso. Pero no todos... No todos.

Puede que no siempre nos gusten las opciones, pero siempre podemos elegir. Nada en la vida cambia a menos que sea uno el que cambie. Para la mayoría de la gente el éxito es difícil de lograr porque cree que no puede. La verdad es que sólo es una creencia que ha sido impuesta desde el exterior. Hemos sido educados en la leyenda del conformismo y hemos sido programados para creer de esa manera.

Demasiadas personas pasan por la vida sin cuestionarse lo que saben y asumen que lo que han sido condicionados (educación, mandatos, cultura, raza, religión, nacionalidad, etc.) para creer, es verdad. Simplemente se conforman y se mantienen estáticos en esa zona de comodidad. Ciertamente no cuestionar los paradigmas establecidos produce mucha tranquilidad. Es la felicidad que se esconde en la ignorancia. El confort detrás de la inercia.

Pero es una mera ilusión.

Por eso uno de los primeros pasos para lograr el éxito es salir de la zona de comodidad. Esta es la única y gran elección que nos va a permitir el éxito.

¿Cuál es la gran elección?, elegirnos a nosotros mismos y destruir lo adquirido y construir nuestras propias creencias desde la visión del éxito. Uno puede elegir ser consciente del proceso de éxito, estudiarlo, practicarlo y beneficiarse con sus resultados. O puede ser víctima de su estado actual.

Pero para eso necesitamos creer. Creer que podemos. Y saber que es nuestro derecho divino.

Bien. ¿Cómo salimos de la zona de confort? Eso es lo que yo me pregunto.

¿Probaste con ir cambiando tu forma de hacer las cosas cotidianas? Es un buen método. Estamos acostumbrados a hacer siempre lo mismo de la misma forma. Si empezamos introduciendo pequeñas modificaciones a nuestra cotidianeidad poco a poco nos iremos acostumbrando a que el cambio es la forma de hacer las cosas.

Si no lo hacés vos... La vida lo va a hacer por vos. Por voluntad o por la fuerza. Elijo voluntad porque los combos del universo me resultan carísimos.

3.12. Creencia versus conocimiento

Para asegurarte el éxito necesitás estar convencido de que vos podés hacerlo.

El primer paso es CREER que podés hacerlo, sin embargo no es este el paso que te conducirá al éxito verdadero. Necesitás estar seguro. Y esto sólo se logra con el SABER que vas a lograrlo. No basta con la fe, por más ciega que ésta sea.

Hace falta el conocimiento, el saber, la sabiduría.

Supongamos por un momento que se acerca a nosotros la persona más confiable y creíble que jamás hayamos conocido, la Madre Teresa por ejemplo. Nos dice: *"tengo en mi oficina el libro que estás buscando"*. Por supuesto que le **creemos**. Es la Madre Teresa, por qué o para qué habría de mentirnos. Es una mujer sumamente confiable. No puede estar mintiendo. Ok. Le creemos. Lo tiene.

Pero, ¿podemos estar seguros? ¿Lo **sabemos**? ¿Sabemos si de verdad tiene ese libro? No. Sólo confiamos en su palabra. Está bien, es confiable y no hay ninguna razón para sospechar. Pero lo cierto es que no sabemos, apenas confiamos en su palabra, porque creemos en ella, porque tenemos fe en su palabra.

El nivel de confianza en la palabra de un tercero, o la creencia en algo, nosotros mismos, el dogma, lo que sea, es una fuente importante para alcanzar nuestros logros. Sin embargo es muy débil. Es como la fe. Puede mover montañas... o puede que no. Tiene el límite del poder de una creencia.

Supongamos ahora que la Madre Teresa nos acompaña hasta su oficina y nos muestra el libro que estamos buscando. Ahora SABEMOS que lo tiene. No necesitamos creer en ella, ni creer en ningún otro hecho ajeno a nosotros mismos. Tenemos el conocimiento adquirido por nuestros propios medios y esto nada ni nadie puede quitárnoslo. No hay lugar para la esperanza o la fe o el deseo de que sea verdad. Es verdad, hemos adquirido el conocimiento que nos permite asegurar que sabemos que es cierto. Y este conocimiento mueve montañas. Es el poder de la CERTEZA.

Cuando tenemos certeza no necesitamos métodos que nos permitan descubrir la verdad, ya hemos alcanzado la verdad y sólo la verdad nos hará libres. Tampoco necesitamos palabras lindas, lugares armoniosos, manipulaciones, controles, chantajes emocionales. La certeza es algo que nadie, ningún maestro, gurú, consultor, profesor, padre o madre, etc., nos puede dar. Es algo que debemos procurarnos por nosotros mismos.

La única verdad que nos hará libres es saber que fuimos creados a imagen y semejanza. Saberlo con el corazón.

¿Podés alcanzar este nivel de certeza antes de ver los resultados? Estos son los niveles de aceptación que se requieren para transformar cualquier cosa, incluso una enfermedad terminal. Hay casos documentados. Si los necesitás podés buscarlos en Internet. Hay miles.

Podemos abrir, entonces, un espacio para la reflexión con un pequeño ejercicio hecho sólo para valientes.

¿Cuál es tu fe?
¿Cuál es tu esperanza?
¿Cuál es tu creencia?
¿Cuál es tu conocimiento?
¿Cuál es tu certeza?

Recordemos que sólo la certeza nos permitirá acceder al éxito que ya sabemos que está en nuestros genes.

3.13. Análisis de los ejercicios

Seguramente habrás notado que hacías miles de veces el mismo ejercicio. Está bien. Dijimos que el ser que hay en vos es implantado. Y de alguna manera lo es. La raza, la educación (padres y maestros), la cultura, la religión, las instituciones, el proceso de socialización, etc., etc., etc., han hecho de tu ser lo que han querido: algo bastante raro de conseguir y único en su naturaleza. Sin embargo, hay un ser real que ha quedado escondido detrás de esas capas sociales. Apuntamos a conseguir el éxito que ese ser real escondido detrás de las máscaras ha venido a desarrollar en esta vida. Analicemos y rehagamos el ejercicio.

Comenzaste contestando qué es el éxito para vos. Ahora que realizaste el resto de los ejercicios: ¿la definición de éxito ha cambiado en algo? No importa si no ha cambiado. Estos sólo son intentos de autorreflexión necesarios para llegar a una respuesta definitiva. No tiene sentido que consigas un éxito que no deseás con alma y vida porque te atarás a un resultado que no es el mejor para tu desarrollo. Podés conseguir cualquier cosa que desees. El proceso puede ser complejo si no es "lo mejor" lo que vas a conseguir. Creeme. Podrías terminar viajando de un lado al otro del mundo una vez por mes, por ejemplo.

En el desarrollo de los ejercicios la idea es ayudarte a quitar los velos que no te permiten descubrir QUIEN SOS. Si sacáramos la raza, religión, educación, socialización, cultura y demás aditamentos, la verdad que hay en tu interior queda reflejada por la sumatoria de las personas que has descripto.

Sos lo mejor de lo que admirás en otras personas. Todo lo demás son implantes.

Sus actitudes son tus actitudes y aptitudes encubiertas por los velos que no las dejan expresar. Esto sos.

¿Cuál o cuáles de esas personas creés que no ha tenido éxito? Estas son las razones por las cuales sentís internamente que no has tenido el éxito (no has llegado todavía a despertar tu máximo potencial).

¿Cuál de esas personas creés que sí lo ha tenido? Estos son los puntos en los cuales sí has alcanzado despertar tu máximo potencial.

¿Qué características creés que tienen esas personas que les han facilitado alcanzar el éxito? Estos son los puntos fuertes sobre los cuales podés apoyarte para seguir creciendo en lograr tu mayor éxito.

Ahora sí. Ya que sabés quién de verdad sos es un buen momento para que puedas definir qué querés. Otra vez.

La idea es que hasta acá hayas logrado una primera aproximación hacia el descubrimiento de:

¿Quién soy?
¿Qué quiero?

Por las dudas. Te cuento quién soy y qué quiero. A lo mejor ayuda.

Soy un ser espiritual con una experiencia física que quiere todas las maravillas del Reino.

Lo fantástico es que: vos también lo sos.

Y lo supernatural: es que podemos compartir las maravillas del Reino entre todos porque no hay carencia sino abundancia absoluta.

Nuevamente Bienvenidos. Y gracias.

Desear

4. Segundo paso: Desear con alma y vida

4.1. El poder del deseo

Cuando un niño quiere algo, también lo desea y ésta es la única razón por la cual lo consigue. Es impensable que un niño sano tenga miedo de caminar. Intentará e intentará e intentará hasta que finalmente lo logre. A pesar de caídas, golpes y moretones, caminará. Así lo hemos hecho todos. El niño no tiene pensamientos acerca de no poder caminar. No concibe no poder caminar. Sólo tiene un deseo: caminar como lo hace su mamá.

Y a su tiempo y en su forma: finalmente caminará.

¿Qué es el deseo?

Saber lo que se quiere, querer alcanzarlo, atreverse a aspirar a ello, trabajar para conseguirlo. Con alma y vida.

El deseo es la locomotora que tira del tren del éxito sin parar, día y noche, casi como una obsesión, una razón que consume, que impulsa a seguir adelante más allá de cualquier limitación, de cualquier obstáculo. Ese deseo es una pasión por ser, por hacer, es la energía que pone en movimiento la obtención de los deseos, de todos. Es la sustancia donde se construyen lo que llamamos milagros.

Por esa pasión madrugamos, nos quedamos hasta tarde, elaboramos estrategias, generamos nuevos puntos de vista, ponemos énfasis, queremos seguir y seguir. Porque además encontramos placer en hacerlo. Nada es para nosotros más importante y trascendente que satisfacer ese deseo interior, aún cuando no produzca un peso de dinero. Esta es la fuente desde la cual el éxito se nutre.

Es esa pasión la que impulsó a Fleming a seguir investigando, es el deseo el que convirtió a Steven Spielberg en director o esa fuerza que pusiera Bill Gates para llevar una computadora personal a cada hogar.

En todas las personas de éxito encontramos este motor que guía su destino, esa fuerza interior que les dicta el camino, sin prisa pero sin pausa, sin desaliento, sin detenerse ante los fracasos, los cuales hay y muchos.

Es un hecho, el éxito no es una casualidad. No es algo que viene de afuera, no es algo que alguien nos otorga, no es un milagro. Es el resultado de un deseo del alma, de una fuerza imposible de detener, de un poder que proviene de nuestros genes, de un ansia que no descansa. Ahí está la fuente de nuestro mayor potencial.

¿Cuál es tu deseo?
¿Qué querías ser cuando eras niño?

Cuando era niña, nunca jugué con muñecas. Nunca. Para una Navidad me regalaron un bebé de juguete. De esos que vienen con el chupete y la mantita. Fue el único muñeco con el cual jugué hasta ya venirme grandecita y resultar casi patética con el bebe en brazos. Fue esa pasión la que me condujo a la Victoria.

Otra vez. ¿Qué querías ser cuando eras niño?

Este es un buen indicio que nos lleva a descubrir nuestro deseo más interno, la raíz o la semilla donde se encuentra nuestro máximo potencial.

Si has logrado definir qué querés pero ese querer ha venido sólo del mundo mental... OLVIDALO. Jamás lograrás conseguir lo que querés porque no es lo que deseás. El querer sin la fuerza impulsora del deseo sólo es algo temporario y pasajero. La fuerza no viene del mundo mental.

No viene de la mente. Viene de las entrañas.

Una forma de introducirte en el deseo es empezar a preguntarte por qué querés lo que querés. ¿Por qué? Muchos de nuestros deseos no son nuestros deseos. Aún así, te confieso que he visto materializarse deseos de personas cuya inspiración o motor decía:

"Voy a conseguirlo sólo para demostrar que yo puedo hacerlo".

No importan los fundamentos de tu deseo. El deseo no sabe de moral o de ética. Es una fuerza impulsora que puede sostenerse de casi cualquier idea.

Sólo lograrás conseguir en tu vida aquello que querés y deseás con alma y vida. Aún cuando sea algo que todavía no te alcanza la mente para concebir. El pensamiento es una condición necesaria para lograr milagros pero el deseo es la condición que le brinda el poder de la suficiencia. Sólo con el deseo podemos convertir algo necesario en algo suficiente.

¿Lo que querés es lo que deseás? ¿Por qué?
Nada hay en el mundo que pueda obstaculizar un

deseo que viene del alma porque éste trae la FUERZA para convertir tu sueño en realidad.

Imaginate si en lugar de lanzarte a caminar te hubieras quedado detenido porque la primera vez que intentaste dar un paso te caíste... Ni siquiera podés imaginarlo, ¿no?

Nada en este mundo se resiste a una persona que tiene una misión para cumplir. Claro, esto exige concentrarse firmemente en un objetivo y no aceptar el fracaso más que como un resultado parcial, el resultado de una batalla, no de la guerra.

Acordate cuando únicamente podías gatear... ¿te acordás?... No importa, esta experiencia es común a todos los seres humanos, con lo cual fácilmente vas a entender de qué se trata la idea. Gateabas, pero deseabas profundamente ponerte de pie y caminar derecho porque querías ser como todos los demás. Empeñabas alma y vida para alcanzar el resultado deseado.

¿Lo lograste en el primer intento? ¿Y en el segundo? Seguro que no. De hecho, es probable que hayas fracasado muchas veces en el proceso de aprender a caminar. Pero eso no te detuvo: nada podía detenerte. Querías caminar como todos los demás y no aceptabas otra cosa. Estabas concentrado. Eras demasiado pequeño como para darte cuenta del potencial peligro que representaba esa tarea. Podrías haber perdido un ojo, haberte quebrado la cabeza o experimentado una multitud de resultados negativos y perjudiciales. Pero eras demasiado pequeño para saberlo y no podías comprender el lenguaje de tu madre cada vez que te decía ¡cuidado!, ¡ojo!, y demás. Por suerte.

Más allá de cualquier advertencia de peligro, más allá de cualquier pensamiento "racional", más allá de caídas, golpes, y moretones... todos aprendimos a caminar. Todos. Sin distinción de raza, credo o religión.

Porque el programa "caminar" viene implantado en nuestro ADN, igual que el programa "éxito".

4.2. No confundir necesidad con deseo

Es el deseo la fuerza impulsora de todo éxito.

No deseo porque necesito, sino al revés, necesito porque deseo. Considerando que sin deseo no hay éxito, es muy importante definir claramente qué significa deseo. Muchas veces confundimos necesidad con deseo. Pero esa necesidad no nos va a conducir al éxito verdadero, aún cuando pueda tener cierto nivel de utilidad para suministrarnos satisfacción temporaria.

Es verdad que el ser humano, según la teoría de Maslow, se mueve por necesidades que intenta satisfacer, empezando por las básicas: fisiológicas (alimentación, agua, etc.), de seguridad, aceptación social, autoestima y autorrealización. Estas son las principales fuentes de motivación que impulsan al ser humano a actuar para conseguir satisfacer su necesidad.

Pero, satisfacer una necesidad no es tener un deseo del tipo de los que impulsan a lograr el éxito. Puedo vivir eternamente consciente de una necesidad buscando o no satisfacerla. Pero no puedo vivir ocultando un deseo que me consume.

Este es el tipo de sensación que nos llevará al éxito porque no aceptaremos nada menos que la satisfacción total de este deseo, así nos lleve toda la vida el conseguirlo.

Así vivió Thomas Alva Edison. No necesitaba lograr una lamparita, pero lo deseaba al punto de tolerar miles de intentos fallidos.

¿Podemos discriminar claramente una necesidad de un deseo?

Es muy sencillo de ver en las relaciones de pareja. Aunque si fuera tan sencillo, no existirían tantos divorcios... pero bueno. A veces necesitamos estar con alguien. No es que amamos a alguien y por eso queremos estar con él. A veces, sólo necesitamos estar enamorados. En definitiva, y en el fondo, realmente nos da lo mismo de quién. Siempre y cuando cumpla unos requisitos básicos alcanza, aceptamos, creamos un enamoramiento y luego padecemos las consecuencias. A la larga o la corta.

Pero cuando se trata del amor a un hijo. Es claro que lo necesitamos porque lo amamos. No importa si es lindo, feo, gordo, flaco, si tiene las peores cosas del papá, etc., etc., etc. Es nuestro hijo y lo amamos. También lo amamos las veces que nos gustaría deshacernos de él. Eso es amor incondicional. ¿Estamos preparados para desarrollar este tipo de amor hacia toda la humanidad?

La línea que divide necesidad de deseo es muy sutil. En algunas experiencias se discrimina claramente. En otras resulta más dificultosa de demarcar. Uno de los primeros éxitos es poder separar necesidad de deseo. Hay personas que lo logran sin mayores inconvenientes. Otras deben trabajar profundamente sobre este tema.

Hay personas que lo logran en algunos aspectos de su vida y en otros tienen que trabajarlo.

Pero la verdad es que estamos destinados al éxito en todos los aspectos de nuestra vida, aún cuando algunos aspectos necesiten más dedicación que otros.

Este punto parece sencillo, sin embargo es más complejo de lo que se muestra. Decimos que todo el proceso de éxito y de materialización de deseos parte de un pensamiento cuya fuerza le es entregada por un deseo. No metemos a la necesidad en esto porque no es la necesidad la que le otorga la fuerza. La necesidad tiene que ver con la carencia, no con la abundancia. Igual atrae igual. Pide y recibirás.

Ahora bien... Es obvio que necesito lo que deseo. Ahora no es tan obvio que deseo lo que necesito. Necesito poder pagar las cuentas a fin de mes, pero mi deseo no está puesto de verdad ahí. Mi deseo es algo mucho más profundo que una sencilla necesidad de pagar las cuentas a fin de mes. Puedo, también, desear cosas que por ahora no necesito, y esta es la fuerza que pone en marcha la materialización. El deseo es algo permanente. La necesidad es algo temporario.

El deseo viene de un nivel del yo más elevado que la necesidad.

Puedo construir éxito desde la necesidad. De hecho mucha gente lo hace. Pero es un éxito efímero y su nivel de producción de plenitud tal vez sea pasajero.

Otro punto importante para reflexionar sobre "¿qué

quiero?" tiene que ver con la responsabilidad sobre la cual se fundamenta el pedido. ¿Vale la pena pedir hoy algo que necesitaré en algún tiempo? Mejor pido hoy lo que necesito hoy y mañana me concentro en mañana. Para qué desperdiciar la energía en cosas que hoy no necesito aún cuando las desee.

Es útil aprovechar la fuerza del deseo y acompañarlo con el poder de la necesidad para acelerar el proceso.

Deseo es lo que impulsó a la Madre Teresa a dedicar toda su vida a atender a desamparados y leprosos sin contagiarse.

Necesidad es lo que llevó al actor Hugh Grant a vagar una noche por las calles de Los Ángeles para terminar preso en un confuso episodio por relacionarse con una señorita de color.

Bueno, se me ocurrió este ejemplo.

4.3. El poder de la intención

El camino al infierno está plagado de buenas intenciones... dicen.
Respecto de la intención, dice el diccionario de la Real Academia Española: determinación de la voluntad en orden a un fin. Cautelosa advertencia con que alguien habla o procede.

¿Qué quiere decir todo esto entonces? Hasta acá, y gracias a todo el trabajo que estuvimos haciendo, llegamos a saber qué queremos, descubrimos y desarrollamos el deseo asociado a ese querer pero tenemos que ponerle la frutilla a la torta para que quede perfecta. Si no le damos intención a nuestros deseos, es decir, si no generamos una firme determinación de la voluntad en orden a alcanzar el fin... seguimos quedando en el sueño y lejos de la realidad.

Conseguir lo que queremos no sólo es posible sino que también es absolutamente probable. No requiere de ninguna personalidad espectacular ni de ningún requisito que cualquier persona común y corriente no pueda desarrollar. Sólo basta querer, desear y poner la intención al servicio de ese querer y ese deseo. Eso sí, las tres cosas tienen que estar perfectamente alineadas. Uno puede tener muy buenas intenciones... pero si no se pone en movimiento, la vida queda sólo en una intención de éxito... y de estas buenas intenciones es de las que está plagado el camino al infierno.

Pero la intención puede también tener una arista peligrosa. Y esto sucede cuando no tenemos el total control de nosotros mismos. De nada sirve pedir perdón cuando causamos daño argumentando que no fue nuestra intención hacerlo. El daño ya está hecho.

Si rompemos un vaso, por más que no haya habido intención, el vaso está roto. Podemos pegarlo. Pero nunca volverá a ser el mismo vaso.

El querer es una conducta pasiva. La intención es activa. Es, al igual que el deseo, lo que activa el querer.

Por eso, no nos detenemos ante nada toda vez que hayamos descubierto la fuerza de nuestro deseo, la veracidad de nuestro querer y el valor de la intención puesta en un fin. Todos alineados en el camino a desarrollar nuestro máximo potencial, el que nos debemos y el que

le debemos a quienes nos rodean.
¿Deseás lo que querés?
¿Tenés la intención de obtenerlo?

¿Estás seguro?

4.4. La certeza es lo que cuenta

Sólo conseguirás en la vida aquello que te animes a desear con fuerza, buscar con inteligencia, actuar con voluntad y aceptar la voz interior que guía el camino hacia tu máximo potencial, siempre.

Había una vez un escalador muy diestro. Un profundo deseo se albergaba en su corazón. Tenía decidido escalar el Himalaya. El Universo parecía conspirar para apoyarlo en su decisión. Era un hermoso día de sol, no había indicios de tormenta y se decidió a iniciar la travesía. Subió, subió y subió. Todo funcionaba a las mil maravillas. El trayecto no presentó inconveniente alguno.

De pronto, se desató una tormenta. El escalador se mantenía aferrado a sus ataduras que lo sostenían a la montaña. Sin embargo los vientos eran fuertes, nevaba. Sus fuerzas y su deseo estaban intactos. Seguía escalando como podía. Hasta que sucedió lo peor. Se soltó uno de los clavos que lo sostenían y comenzó a caer. Cayó, cayó y cayó. Hasta quedar colgado de la soga. El viento lo mecía de acá para allá. La nieve mojaba su rostro. En lo profundo de su corazón deseó salvarse. Oró, rogó, pidió. Gritó reclamando ayuda. Hasta que escuchó una voz que desde lo lejos le decía: "SOLTATE". "¿Soltarme?", se preguntó. "¿Cómo habría de soltarme y salir vivo?" .Insistió con el reclamo. "¡¡¡Auxilio!!!" Y nuevamente escuchó la voz: "SOLTATE". Pero sus pensamientos eran más fuertes. "¿Soltarme?, si me suelto sigo cayendo y me mato". Nunca se soltó. El frío siguió, la nieve casi lo cubrió todo. Al día siguiente, una patrulla que recorría el lugar encontró al escalador. Estaba muerto, colgando a 15 centímetros del piso.

¿Para qué pedís ayuda si cuando la conseguís no la querés aceptar?

4.5. ¿Cuántos fracasos podrás tolerar?

Volvamos al caso de Thomas Alva Edison. Deseaba inventar la lamparita eléctrica. Sí, lo deseaba con alma y vida. Cada una de sus intenciones diarias estaba puesta en su objetivo. Diez mil intentos fallidos. Podrían intimidar a cualquiera, ¿no? No, no a él.

Él sí que puede darnos diez mil formas diferentes de intentar crear una lamparita y una sola de que funcione.

Sí que puede hablarnos de fracaso. Sin embargo elige esta forma de referirse a los intentos:

"Las personas no son recordadas por el número de veces que fracasan, sino por el número de veces que tienen éxito".
"Una experiencia nunca es un fracaso, pues siempre viene a demostrar algo".
"Que algo no funcione como tú esperabas no quiere decir que sea inútil".
La lamparita que hoy te ilumina surgió como resulta-

do de innumerables intentos fallidos y es él quien ha dicho que muchas veces la gente se da por vencida a un paso de haber logrado lo que estaba buscando.

Herbert True, especialista en marketing de la Universidad de Nôtre Dame, observó que:
- El 44% de los vendedores deja de insistir después de la primera llamada telefónica
- El 24% abandona después de la segunda llamada
- El 14% abandona luego de la tercera
- El 12% deja de intentar la venta luego de la cuarta llamada

El 60% de las ventas se realiza luego de la cuarta llamada. Esto quiere decir que el 94% pierde la posibilidad de vender porque abandona antes de lograrlo

Fuente: http://www.northstar-m.com/idTip011.asp

¿Cuántos fracasos podrás tolerar antes de lograr el éxito?

4.6. El fracaso es sólo un punto de vista

La realidad es sólo una percepción. Si querés cambiar la realidad, cambiá el punto de vista desde el cual la observás.

Cuenta una vieja historia que una gran empresa americana productora de zapatos envió a dos de sus vendedores a la India para realizar una investigación de mercado respecto de la posibilidad de ampliar el mercado de venta de zapatos.

A los 10 días de haberlos enviado, el gerente comercial recibió un mail de cada uno de ellos con el informe del estado de situación que encontraron.

El vendedor A decía: "Me vuelvo mañana. Imposible ampliar el mercado para este destino. Acá nadie usa zapatos."

El vendedor B decía: "Me quedo más tiempo. Infinitas posibilidades en este mercado. Acá nadie usa zapatos."

"Todos los triunfos nacen cuando nos atrevemos a comenzar", Eugene Ware.

4.7. Requisitos indispensables

Ok, el éxito está en nuestros genes, pero la programación también. Necesitamos seguir una guía para poder liberarnos de los patrones que nos condicionan. Aquí está.

¿Voy a conseguir todo lo que quiero? Sí, todo. En la medida en que cumpla los siguientes requisitos, los que no están ordenados por su importancia.

Saber qué quiero y desearlo. Poder dar la mayor cantidad de detalles que sean necesarios. Con intención y certeza.

Pedir lo que quiero, sabiendo pedir. Saber pedir es un arte.

Que mi deseo no contenga, ni afecte, ni altere la voluntad o el libre albedrío de otras personas. (Es decir, no vale desear que JJ me quiera. Pero sí vale desear encontrar el amor.)

No predefinir los caminos o canales por los cuales mi deseo se va a convertir en realidad porque esto es condicionar al Universo y la verdad es que el Universo es mucho más sabio y puede coordinar las necesidades y deseos de todos al mismo tiempo asegurando el bien general.

Que lo que deseo para mí sea algo que puedo desear para cualquier o para todas las personas.

Eliminar los miedos y los condicionamientos, los *"pero no me lo merezco, no me corresponde, etc., etc., etc."*

No estar sujeto a condición alguna.

Ser sostenible en el tiempo. Si hoy quiero algo y mañana otra cosa... Ummmm.

Sin dudas. Sin culpas.

Ojo con el paso del tiempo. Esto da lugar al surgimiento de dudas.

Eliminar las expectativas.

No tener la esperanza de lograrlo. Tener la certeza de que es un hecho.

Ojo con las bromas. Pensamiento, palabra y acción. Si cualquiera de estos elementos es contrario al deseo: fracaso asegurado.

Consistencia entre pensamiento, palabra y acción. Mi deseo debe estar en un todo de acuerdo con estos tres factores. Emoción incluida.

No someter mi deseo a prueba. Hacer un pedido chiquito con la conciencia: "pruebo a ver si funciona y si funciona pido algo más grande". Esto nos aleja de la conciencia de certeza. Revisar siempre, siempre, siempre dónde está mi conciencia.

La angustia y todo otro pensamiento negativo me alejan de mi deseo.

La vida nos da exactamente aquello que le pedimos. Si nuestra petición es confusa, nuestro resultado es confuso. Si nuestra petición es equivocada, el resultado siempre será acorde con lo pedido. Si nuestra petición es mínima, nuestro resultado es pobre.

Tal vez sea lo máximo que tenga de esperanzas de conseguir. Pero de ninguna manera es lo máximo que puedo conseguir.

Si no pido nada no consigo nada.

No JUZGAR. *"¡¡¡Esto no va a funcionar!!!"*, *"¿cómo voy a conseguirlo?"*. Etc.

Soltar el resultado.

Si lo que pedís es lo que te corresponde, lo conseguirás, sino conseguirás algo mejor.

Todos los deseos se pueden materializar, todas las personas pueden hacerlo. Es decir, no se necesita ser alguien especial.

Sin limitaciones.

Con abundancia. No importa que otro tenga lo que yo deseo. Hay para todos y a cada cual según su deseo. No hay escasez en el universo, sólo hay en la mente humana.

Compromiso y responsabilidad.

Objetivos alineados con valores.

Lo que quiero me quiere. Lo que busco me busca.

Siempre, siempre, siempre tiene que ser algo que beneficie también a otros. Ojo con la conciencia "yo", "yo", "yo". No porque no vaya a conseguirlo igual, es sólo que esta conciencia garantiza la insatisfacción porque no es un deseo verdadero, es un deseo del ego.

Estar preparado para soportar fracasos, porque sólo son los caminos a un éxito más pleno y duradero. Había

oscuridad antes de haber luz.
¿Estás dispuesto a entregar algo a cambio?
Nunca, nunca, nunca darse por vencido.

4.8. Más requisitos

El 11 de septiembre de 2001 en una vidriera de una tienda en New York City se leía un cartel:

"Never, never, never, give up"

Nunca, nunca, nunca, darse por vencido.
Comprometerse a llegar hasta las últimas consecuencias.
Asegurarse que no es el ego, es el deseo, la intención, el máximo potencial que tengo para dar al mundo.
Quemar las naves. Esto nos asegura que no tenemos más opción que el éxito. No podemos volver con la nave que nos trajo.
Cerrar todas las otras puertas. Esto nos garantiza que no haya puertas abiertas por las cuales escapar de nuestro potencial.
Hay que ser ganador, no buen perdedor.
Ojo con la frase *"no soy negativo, soy realista"*. ¿Podrías definirme "realidad", por favor?
"Hay que ganarse la vida con algo". También es mentira. El éxito no es algo que se consigue con migajas que necesitamos para ganarnos la vida. De hecho no necesitamos ganarnos la vida. ¿O sí?

"Hubo una vez un incendio gigantesco en Chicago. Un grupo de comerciantes que perdieron todo se quedó de pie en State Street observando los restos humeantes de lo que había sido sus tiendas. Organizaron una reunión para decidir si tratarían de reconstruirlas o abandonarían Chicago. Decidieron abandonar para empezar en un lugar mejor. Todos menos uno. El comerciante que decidió quedarse y reconstruir su negocio señaló con el dedo los restos de su tienda y dijo: "Caballeros, en este mismo lugar construiré la tienda más grande del mundo, no importa las veces que pueda quemarse". Es la cadena Marshall Field que hoy sigue en pie. Todo ser humano que alcanza la edad de comprender la razón de ser del dinero, quiere dinero. Quererlo no basta para acumular riqueza. Pero desear riqueza con un estado mental que se convierte en una obsesión, y luego planificar la forma y medios para adquirirla y ejecutar esos planes con una perseverancia que no acepte el fracaso, atraerá la riqueza deseada".

Tomado del libro: "Piense y hágase rico", Napoleón Hill.

4.9. La autosugestión

No hay absolutamente nada ni hay absolutamente nadie a quien podamos entregarle nuestro poder. No hay libro, ciencia, religión, gurú, maestro, sacerdote, rabino u otros, que puedan detentar nuestro poder. Si bien podemos depositar nuestra idolatría en algún objeto o persona... no son ellos, somos nosotros los que hacemos o no hacemos que las cosas sucedan.

Ya dijimos que la realidad surge de nuestros pensamientos y que es el deseo el que la trae a la materialización. Es cierto, así es como funciona la realidad. Ahora surge una cuestión muy interesante. ¿Quién es el que tiene los pensamientos? ¿Quién genera los deseos y de dónde vienen? Ya vimos también el tema de los implantes y como personas o cosas nos van diciendo qué pensar y qué desear en un proceso natural que llamamos "socialización". Esto se llama autosugestión y es la herramienta más poderosa del universo. También la más peligrosa.

La palabra sugestión viene del verbo sugerir que quiere decir: proponer o aconsejar algo. Los pensamientos son sugestiones que alguien sabiendo o sin saber, queriendo o sin querer, pensando o sin pensar, nos inculca, propone o aconseja pensar. El tema más importante de la cuestión es darse cuenta de quién es ese alguien: el ego, el yo, el alma, un ajeno que no corta ni pincha. Mi pensamiento: ¿es una sugestión que me hice a mí mismo desde mi SER más elevado? ¿Es una sugestión que alguien me motiva a crear? ¿Es un implante?

Lo mismo sucede con las emociones, aunque como estas provienen del pensamiento, el punto de evaluación y observación hay que ponerlo más arriba, es decir, antes de que aparezca el pensamiento.

Todos nuestros pensamientos están inducidos. Todos nuestros deseos provienen de nuestros pensamientos. Son estos pensamientos y estos deseos los que nos van a llevar a materializar nuestro éxito.

Ahora la pregunta del millón es: ¿Quién sugestionó esos pensamientos?

Así funciona la mente. Así funciona el control mental, el lavado de cerebro, las sectas, las religiones y los dominios de la humanidad. Sencillo pero efectivo. Imperceptible.

El éxito está en tu ADN y si esto no te convence, no te preocupes… Podés autosugestionarte para creerlo, como podés autosugestionarte para sanar o para enfermar. Para enamorarte y para desenamorarte. Para ser un éxito o para ser un fracaso. El poder sigue estando en vos. El poder sólo está en vos. Y depende total y absolutamente del lugar en el cual pongas el límite entre lo que sos vos y lo que no sos vos. ¿Quién sos vos? ¿Tu ego, tu educación, tu raza, tu religión, tu cerebro, tu mente, tu cuerpo físico? Fijate y prestá mucha atención porque el poder siempre estuvo y siempre estará en el SER (persona, institución o cosa) al cual le permitís sugestionarte los pensamientos.

Dice el primer mandamiento: "Amarás a Dios sobre todas las cosas".

Pero la idolatría ha creado dioses de barro, amuletos, sigilos, dogmas, filosofías, dinero, personas, bienes, etc.

Por eso digo… estás destinado al éxito. Por la razón o por la fuerza de la sugestión. La mayoría de la gente se sugestiona para el fracaso. La verdad, es que cuesta el mismo esfuerzo crear un pensamiento de éxito que crear un pensamiento de fracaso. Es la inercia la que lo cambia todo, la intención, el deseo, la voluntad. Hay que salir de la zona de confort. O mejor dicho, entremos en la zona de confort con una autosugestión de éxito y todo lo demás nos será dado por ley de atracción.

4.10. Ejercicio práctico 4

Hiciste ya la lista de lo que querés. Es un buen momento para volver a reflexionar.

Tomá la lista y empezá a revisar cada uno de los puntos que anotaste como querer y respondé a las siguientes preguntas:

Esto que anoté, ¿es lo que realmente quiero? Si está bien lo dejo, sino lo borro y pongo lo que mejor se adapta a lo que deseo.

¿Esto que quiero está bien detallado y especificado? (Trabajar sobre lo nuevo y dejar lo borrado.)
Si tengo que pedírselo a un niño de 3 años, ¿lo puede entender concretamente? (Esto sirve para revisar el grado de detalle que tiene lo que quiero. Sólo voy a conseguir lo que pida con lo cual hay que ser muy cuidadoso con los pedidos.)

Esto que quiero es lo que DESEO con alma y vida.
¿Por qué?
¿Puedo agotar el resto de mi vida en la búsqueda de esto que quiero y deseo?
¿Incluye esta lista mi deseo más trascendente? (Acordate que dijimos que empezábamos por las cosas más sencillas y dejábamos las más difíciles para el final cuando ya hayamos adquirido destreza en el proceso y certeza en el corazón.)

Como verás, este proceso es único e individual. Nadie puede decirte qué desear y nadie puede decirte qué no desear. Podés desear lo que se te antoje. No hay ningún tipo de limitaciones, ni morales, ni éticas, ni religiosas, ni culpa que te condene, ni nada. La gran sorpresa es que no hay infierno.

Aunque sí hay sugerencias y limitaciones al proceso.

Las estamos estudiando.

Sé que querés el éxito ya. No es ningún secreto. Todos lo queremos. Pero a lo largo de la lectura, si lograste conservar la paciencia (o desarrollarla) habrás empezado a preguntarte: ¿pero específicamente, qué es lo que quiero? También habrás descubierto que una de las razones por las cuales no conseguís lo que querés es porque no sabés lo que querés. No desesperes, para eso estás trabajando.

También puede ser que te encuentres en la situación de que querés esto, lo conseguís, luego esto otro, lo conseguís y así sucesivamente consiguiendo cada cosa que querés aunque sin obtener satisfacción verdadera o duradera. Esto es sencillamente porque no es eso lo que vos querés. ¿Qué es lo que querés entonces?

Te voy a contar otro secreto. Todos sabemos lo que queremos. En definitiva todos queremos lo mismo: felicidad. El problema al que nos enfrentamos es no poder definir lo que es felicidad para nosotros. Confundimos felicidad con dinero, o con otras cosas. Y en medio de esa confusión perdemos la noción de lo que de verdad queremos. Y una cosa va llevando a la otra y llegamos a los 45 años sin saber cómo es que llegamos hasta acá.

Escondido detrás de todo este proceso, hay un mensaje subliminal.

Descubre quién de verdad eres y haz que este ser humano que busca revelar su máximo potencial tome el control de tu realidad. Ahí encontrarás la felicidad.

4.11. Ejercicio práctico 5

Es un buen momento para armar una lista de "quereres" o de requerimientos (cosas que quiero y que además deseo con alma y vida). Ahora, eso sí. Hay que tener en cuenta que esta lista se escribe para que sólo el Universo la lea y, lamentablemente, el Universo no nos ha dejado libro de quejas ni la planilla de reclamos. De hecho, sólo hay alguien a quien reclamarle o ante quien quejarse: uno mismo.

Pero bueno, si te tomaste la molestia de leer hasta acá, aunque sea probalo... no hay nada para perder.
Empecemos con la lista entonces, ¿la definitiva?:

1. ¿Qué querés?
2. Esto que querés, ¿es lo que deseás?
3. ¿Cómo sabés que lo deseás?
4. ¿Quién lo desea?
5. ¿Por qué lo desea?
6. ¿Para qué lo desea?
7. ¿Qué pensás que te va dar el hecho de poseer lo que deseás?
8. ¿Estás seguro de que no lo deseás por lo que te va a dar o traer el hecho de poseerlo?
9. ¿Qué estás dispuesto a entregar a cambio de lo que deseas?
10. ¿Estás dispuesto a tolerar algunos fracasos en el

intento de obtener lo que deseás?

Bueno, a escribir entonces. No te limites con tus requerimientos. Podés querer lo que quieras. Pero lo importante es que también lo desees. Cualquier cosa, aunque tiene que estar muy bien delimitado y ser muy específico. Si es dinero, tenés que definir la cifra exacta que querés y la fecha para la cual lo querés. Pero debés preguntarte: es dinero lo que quiero o es lo que el dinero te puede comprar lo que querés. No pidas dinero si querés un auto. Cuanto más específico seas, más probabilidad de acierto. Tené en cuenta que vas a conseguir exactamente lo que querés. Si definís mal lo que querés, recordá que no se aceptan DEVOLUCIONES NI RECLAMOS. El Universo te da lo que pedís, no hace evaluaciones ni juicios.

Pide y recibirás.
Busca y encontrarás.
Golpea y te abrirán.

4.12. Algunos ejemplos prácticos

Supongamos que necesito resolver un tema de salud. Obviamente tiene que ser relacionado con mi salud, no con la salud de un tercero. La primera sensación puede surgir queriendo "no estar enfermo". Pero esa no es la forma más práctica de querer algo. Si decís no estar enfermo, ¿cuál es tu primer pensamiento? Sí, estar enfermo. Tu mente no lee el no. Lee el sujeto y el verbo. Lo demás no tiene sentido.

La forma adecuada de querer es querer salud. Sin embargo esto también es un querer muy general. ¿Qué te parece si queremos sanar este resfrío que nos está matando? A mí me asusta. ¿Qué creés, que lee la mente? Bien. Vamos mejorando. Ese resfrío me está matando. ¿Qué más?

Agreguemos algunas cositas más para hacerlo más verídico. "Estoy sanando este resfrío y me siento cada día más vital". Bien, convertimos el querer en un pedido, o en una afirmación. Si tenemos el suficiente deseo y la certeza de que esto es una realidad, podemos estar sanando cualquier enfermedad. Sumale algo de visualización, repetición, autosugestión y lo que ya leíste y viste en el secreto y ¡listo! Deseo cumplido.

El secreto es querer lo que querés, no lo que te parece que te dará el instrumento para poder adquirir lo que querés. De eso se encarga el universo. Si querés encontrar a tu alma gemela, no quieras que Juancito sea tu alma gemela. ¿Podés querer y soltar el resultado? Sí, es cierto, podés terminar en Noruega. Por eso te pido que prestes especial atención a lo que querés. Porque lo mejor de todo es que podés conseguir exactamente lo que querés. O lo peor de todo es que podés conseguirlo.

Si tenés dudas, podés ingresar en www.conoceselsecreto.com.ar. Todos tenemos dudas y las vamos resolviendo con ayuda de otros que ya pasaron por la misma situación y cometieron algunos errores que vos podés prevenir.

Lo importante es que armes tu propia red de pensamientos y que vayas trabajando sobre tu modelo. Cada cual tiene una forma de percibir el mundo diferente, por eso no hay reglas que "debas seguir". Armá tus propias reglas. Es tu derecho y tu obligación para con vos mismo.

Sin embargo, ¿sabés qué es lo más importante?, que puedas disfrutar de lo que conseguiste porque es justo lo que querías. Con entusiasmo podés realizar los ajustes que creas necesarios. Sí, ya sé. A veces esos ajustes implican un divorcio. Por eso es mucho mejor cuando el que quiere es nuestro consciente y no nuestro inconsciente. Cuanto más trabajemos en ampliar nuestra conciencia y responsabilizarnos de nuestro querer, menos "ajustes" vamos a tener que realizar.

¿Cuál de estas frases se adapta mejor a lo que querés?

Quiero que nadie me moleste cuando estoy trabajando.
Quiero trabajar en paz disfrutando del proceso.

Quiero no seguir luchando en mi negocio.
Quiero duplicar las ventas en mi negocio durante este año.

Quiero no tener que pagar tantas facturas.
Quiero libertad financiera.

¡¡¡Quiero más vacaciones!!!

¿Querés más vacaciones o querés que tu trabajo sea como una vacación? Sí, podés pedir eso también. Tal vez lo que estés queriendo sea poder disfrutar un poco más de la vida. Bueno, pide y recibirás.

4.13. Advertencia

Lo sé por experiencia. Van a terminar de leer y van a sentirse muy motivados a querer y desear. Está bien. Esa es la idea. Pero sepan que ni bien bajen las defensas, o ante el menor indicio de dificultad, van a perder toda esa motivación que fueron creando con esfuerzo hasta acá.

No se dejen amedrentar.
No paren hasta conseguirlo.
Esa desmotivación es también parte del juego. Es el obstáculo que nos indica que estamos cerca del éxito. Sino cualquier persona sin ningún tipo de esfuerzo podría lograr casi cualquier cosa. Y como puede lograr cualquier cosa pierde el incentivo.

La pérdida del entusiasmo es también parte del proceso, como la desilusión.

Por eso, no se dejen engañar.

Sigan para adelante.

Lo están haciendo bien. Muy bien.

Permitir

5. Tercer paso: Permitírtelo todo

No hay carencia en el universo. Infinita cantidad de estrellas vemos en el cielo cada noche despejada de verano. Cada semilla de roble contiene en su interior millones de semillas de robles y un bosque. Dios quiere que seamos ricos y abundantes, como la naturaleza. Nosotros, ¿queremos?

El Universo quiere dártelo todo. ¿Vos podés recibir todo?

Para poder recibir tenés que permitirte recibir. Sos vos el que abre la puerta. O la cierra. Muchas escuelas filosóficas se concentran en el dar como fuente de todos los logros. En la satisfacción que recibís cuando das. Y se crea la confusión de que sólo hay que dar. Y se cierran las puertas al recibir.

Cuando viajás en avión y te explican los procedimientos de contingencias son claros en un punto. Si es necesario usar la máscara de oxígeno, primero tenés que ponerte la tuya y después ayudar a otro a ponerse la suya.

Para poder dar tenés que estar abierto a recibir. En todo momento tiene que existir un equilibrio entre tu dar y tu recibir. Los que dan demasiado y no se permiten recibir es porque están ocultando alguna carencia detrás de ese dar, o alguna manipulación.

Dar sin recibir nada a cambio es decirle al Universo

que no me permito recibir. Y si esto le digo al universo, esto es lo que obtengo. Cuando damos abiertos a recibir, vamos a recibir. Aunque esto no quiere decir que vamos a recibir de la persona a la cual le damos o la cosa que estamos dando.

Lo importante es saber que con cada dar hay un recibir de igual o de diferente naturaleza y que si no somos permeables al recibir, así sea.

El Creador quiere que seamos ricos y abundantes. No quiere pobreza en nosotros. Esto sería ir contra las leyes de la creación. Cada semilla que cae sigue su proceso multiplicándose infinitamente.

Nosotros fuimos creados con libre albedrío. Podemos elegir limitarnos. ¿Por qué? Podemos encontrar infinitas razones para limitarnos. Básicamente culpa y miedo.

Lo cierto es que fuimos creados para que el Creador pueda experimentar la sensación de materialidad a través de nosotros. En este sentido somos co-creadores con Dios… ¿Vamos a darle una experiencia mediocre… o vamos a darle lo mejor de nosotros?

¿Podés permitirte ser, hacer o tener, lo mejor del Reino?

5.1. ¿Quién hace los milagros?

Dios no crea los milagros.
Los creamos nosotros.

Expresarlo de esta forma puede parecer una herejía. Pero, ¿qué es un milagro? Es algo que va más allá de toda lógica o dogma, una herejía básicamente. La lógica es algo en lo cual creemos y por eso tiene valor para nosotros. Basta que algo vaya más allá de lo que consideramos lógico para que lo cataloguemos como milagro. Pero, ¿qué pasaría si corriéramos la cortina de la lógica un poquito más hacia el otro extremo? El nivel de milagros seguramente sería más elevado.

Probemos correr un poquito ese velo con el siguiente pensamiento.

Según como nos dijeron y lo creímos, Dios es todopoderoso, como de hecho estamos seguros que Es... Si es tan poderoso, ¿por qué permite que haya guerra, hambre, injusticia, dolor, terremotos, etc., etc., etc.? ¿Es que está sentado allá arriba mirando lo que sucede acá abajo y decide salvar a unos si y a otros no? ¿Qué método utiliza para tomar la decisión?

Si esto sucediera de esta forma sería como estar jugando a un juego del cual no conocemos las reglas ni los procedimientos. ¿Puede un Dios todopoderoso mandarnos a un lugar en el cual ni siquiera sabemos de qué se trata? Por supuesto que no. Nos dio las reglas y leyes. ¿Puede un padre todo bondadoso darnos total y absoluta libertad y poder y luego juzgarnos por cómo hacemos uso de esa libertad y ese poder que nos dio? No creo.

Fuimos creados a imagen y semejanza. Con libre albedrío. Dios no va a darnos la total libertad para luego ponernos límites, o condiciones, o penas por incumplimiento. Nos dio la total libertad y de eso gozamos. Somos nosotros los que ponemos límites, condiciones, penas, culpas, remordimientos. Somos nosotros los que coartamos nuestra libertad para crear a imagen y semejanza. En definitiva, somos nosotros los herejes.

Nos dio poder y libertad, libre albedrío. Somos nosotros los todopoderosos. ¿Pero qué estamos haciendo con ese poder?

Cada vez que usamos nuestro libre albedrío para crear menos que lo máximo estamos limitando ese poder que nos dio. Estamos cometiendo una falta, sí, una falta por la que nadie, excepto nosotros mismos, nos va a juzgar.

Siempre me acuerdo de una serie que veía cuando era chica: La Mujer Biónica. Era una mujer superpoderosa. Tenía poderes biónicos. Sin embargo, algunas veces cuando tenía que saltar de algún lugar muy alto se preguntaba: "¿seré tan biónica?". Ridículo, aunque está en la condición humana. Había sido creada biónica. Había probado a cada paso su poder. Sabía que era capaz de hacerlo. Ella lo sabía de saber. Pero, pide y recibirás. Caía y se rompía las piernas. A ver. Tenía poder biónico. Era superpoderosa. En sus piernas, su mente seguía siendo "humana".

Fuimos creados en el día sexto. Junto con los animales. Primero los animales y después el hombre. En esa dualidad podemos movernos. Podemos quedarnos en nuestros instintos más primitivos o crecer hasta lograr revelar el "ser humano" que hay en nosotros.

Es nuestra elección. Es nuestro libre albedrío. Es nuestro poder.

Dios no crea los milagros.
Los creamos nosotros.

5.2. El milagro de la apertura del Mar Rojo

La Biblia es el best seller más grande de todos los tiempos. Millones de personas la leen cotidianamente. De hecho, yo se la leo todas las noches a mi hija antes de irse a dormir. Se entretiene con las aventuras y va desarrollando valores.

Lo cierto es que tiene varios niveles de lecturas. Todas las historias pueden ser interpretadas de diversas maneras, incluso como cuentos para niños y para grandes también. Tengo mis historias preferidas. Hay una muy interesante, está en el libro "Éxodo" y cuenta sobre la apertura del Mar Rojo.

Los israelitas habían logrado escapar de la esclavitud en Egipto luego de las 10 plagas y acamparon cerca del mar. Los egipcios, con toda la caballería, con los carros de combate del faraón, sus jinetes y su ejército, los persiguieron y los alcanzaron cuando estaban acampando junto al mar. Los israelitas vieron que el faraón se estaba aproximando y que los egipcios marchaban en busca de ellos. Tuvieron miedo y clamaron pidiendo a Dios,

"Y le protestaron a Moisés: '¿Acaso no había sepulturas en Egipto que nos llevaste a morir en el desierto? ¿Acaso no te dijimos en Egipto que nos dejaras tranquilos y nos permitieras trabajar para los egipcios? ¡Habría sido mejor ser esclavos de los egipcios que morir en el desierto!' Pero Moisés contestó al pueblo: 'No tengan miedo. Manténganse firmes y verán como hoy Dios los salvará a ustedes...'" Éxodo. Cap. 14 Vers. 11 a 13.

Sin embargo Dios le dijo:

"Dios le preguntó a Moisés: '¿Por qué clamás por Mí? ¡Diles a los israelitas que sigan la marcha! Y tú, levanta tu bastón y extiende tu brazo sobre el mar y pártelo en dos, para que los israelitas crucen en seco.'" Éxodo. Cap. 14 Vers. 15 y 16

Ciertamente, es transparente el mensaje. No ha sido Dios quien ha realizado el milagro. Le dice de forma clara a Moisés: "¿Por qué clamás por Mí?" si le ha dado todas las herramientas para que con una simple elevación de su bastón y su brazo el mar se abra.

¿Por qué clamamos a Dios pidiendo algo que nos ha dado las herramientas para poder obtener por nuestros propios medios?

¿Podemos abrir el Mar Rojo? Si Moisés pudo, nosotros también podemos. De hecho, él pudo para que ahora podamos nosotros. Sólo nos falta poder creer en que podemos hacerlo, sino siempre va a haber una mujer biónica, un profeta bíblico, un dios cualquiera, un amuleto, o un maestro al cual le otorgaremos nuestro poder.

Podés abrir todos los mares rojos que se te antoje. Llamále Mar Rojo a cada limitación, a cada obstáculo que interrumpa tu camino a la libertad. De hecho, cada uno de ellos está ahí para darte la posibilidad de que los abras, de que ejercites tu poder.

5.3. El milagro requiere certeza, voluntad y urgencia

La verdad es que Moisés levantó su bastón y su brazo... pero el mar rojo no se abrió. No es suficiente la acción si no la imbuimos de deseo, certeza y urgencia.

Para abrir el Mar Rojo se necesitó de otro aprendizaje. Y fue Najshón, hijo de Aminadav, de la tribu de Iehudá quien se lanzó al mar aún cuando las aguas todavía no se habían abierto.

Escuchó a Moisés diciendo: "¡Marchen!" y marchó. Se encaminó hacia el mar con la certeza de que las aguas se abrirían.

Entró al mar, caminó... pero las aguas no se abrieron.

Venían los egipcios, las aguas debían abrirse. Sintió urgencia y certeza.

Siguió caminando. Y siguió y siguió adentrándose en las olas cada vez más.

Hasta que el agua le llegaba a las rodillas, pero el mar no se abría. No dudó.

Siguió adentrándose en el mar... pero las aguas no se

abrían. Tampoco dudó.

Le llegaba el agua hasta la nariz, siguió caminando, sin dudar, un poco más. El agua comenzaba a entrar por su nariz. Siguió caminando, sin dudar. Hasta que las aguas se abrieron.

Todos comenzaron a cruzar cuando las aguas se habían abierto y el mar estaba seco. Pero se necesitó de la certeza de un sólo hombre para lograr la apertura para todo el resto.

Cada uno de nosotros ha venido a este mundo para ser ese sólo hombre que con una acción de certeza puede cambiar el destino de toda la humanidad. Todos y cada uno de nosotros.

5.4. Las pulgas, los elefantes y los monos

Cuenta la ciencia que las pulgas y los elefantes tienen algo en común: miedo a la libertad.

Las pulgas son animalitos muy pequeños y saltarines. Dicen que saltan hasta 800 veces su tamaño. Se realizó un experimento poniendo pulgas en una pecera. La pecera estaba completa de pulgas. Pero, está en la naturaleza de las pulgas. Saltaban y saltaban hasta salirse de la pecera.

Los científicos, entonces, pusieron una tapa encima de la pecera. ¿Y ahora? Las pulgas saltaban y saltaban hasta chocarse con la tapa, está en su naturaleza. Sin embargo, y para asombro de los que observaban, las pulgas fueron ajustando su salto hasta llegar a una distancia milimétrica de la tapa. Son inteligentes. Ajustaron el salto para no golpearse. Un día, de repente, sacaron la tapa.

Las pulgas siguieron saltando hasta una distancia milimétrica de la tapa. Sí, siguieron saltando para no chocarse con una tapa... inexistente por cierto.

¿Cuáles son tus tapas?

Con los elefantes pasa algo parecido. De chiquitos cuando trabajan en el circo, los atan a una estaca firme en el suelo y con una soga que para el tamaño de su tapa significa sostén e imposibilidad de escape. Los elefantes van creciendo y se acostumbran a no salirse del lugar en el que fueron atados a la estaca. Y van creciendo, y van creciendo. ¿Nunca viste en el circo un terrible elefante inmóvil atado a una pequeña estaca clavada en el piso a la cual podría aplastar como a una pulga?

¿Cuáles son tus ataduras?

Sigamos con los experimentos. Un grupo de científicos colocó cinco monos en una jaula, en cuyo centro colocaron una escalera y, sobre ella, un montón de bananas. Cuando un mono subía a la escalera para agarrar las bananas, los científicos lanzaban un chorro de agua fría sobre los que quedaban en el suelo.

Después de algún tiempo, cuando un mono iba a subir la escalera, los otros lo agarraban a palos. Pasado algún tiempo más, ningún mono subía la escalera, a pesar de la tentación de las bananas. Entonces, los científicos sustituyeron uno de los monos. La primera cosa que hizo fue subir la escalera, siendo rápidamente bajado por los otros, quienes le pegaron. Después de algunas palizas, el nuevo integrante del grupo ya no subió más la escalera.

Un segundo mono fue sustituido y ocurrió lo mismo. El primer sustituto participó con entusiasmo de la paliza al novato. Un tercero fue cambiado y se repitió el hecho. El cuarto y finalmente, el último de los veteranos fueron sustituidos. Los científicos quedaron, entonces, con un grupo de cinco monos que, aún cuando nunca recibieron un baño de agua fría, continuaban golpeando a aquel que intentase llegar a las bananas.

Si fuese posible preguntar a algunos de ellos por qué le pegaban a quien intentase subir la escalera, con certeza la respuesta sería: "No sé. Las cosas siempre se han hecho así aquí."

Vivimos inmersos en paradigmas. Y son esos paradigmas los que dicen quiénes somos y qué queremos de la vida.

Es un buen momento para empezar a preguntarse: ¿cómo estoy haciendo las cosas?, ¿por qué?, ¿me hace feliz hacerlas de esta manera?, ¿quién es el responsable? Para cambiar sólo hace falta... cambiar.

5.5. ¿Qué impedimentos? Pensamientos

El pensamiento es una de las funciones más elevadas de la naturaleza humana. Son incluso los pensamientos los que conforman nuestras emociones. Ya sabemos.

Los pensamientos son artífices de nuestro éxito o generadores de nuestro fracaso.

¿Quién mejor que nosotros mismos para convertirnos en los creadores de aquellos pensamientos que nos conducirán por el camino del éxito eliminando los que sólo nos llevan al fracaso?

Para ello debemos saber: ¿Quién está en control de nosotros mismos cuando pusimos el piloto automático? ¿Quién?

Poder alcanzar el éxito que nos pertenece por derecho de nacimiento implica tener que deshacerse primero de todas las limitaciones para poder permitir que el éxito fluya a través de nosotros.

Impedimentos, ¿qué impedimentos?

Eliminar toda indecisión, toda duda y todo miedo. Podemos hacerlo por propia voluntad... o quemando las naves que dejamos para volver... cerrando las puertas que dejamos abiertas, por las dudas. Es nuestra decisión.

En el año 335 a.c., al llegar a la costa de Fenicia, Alejandro Magno debió enfrentar una de sus más grandes batallas. Al desembarcar comprendió que los soldados enemigos superaban en cantidad, tres veces mayor, a su gran ejército. Sus hombres estaban atemorizados, y no encontraban motivación para enfrentar la lucha, habían perdido la fe, y se daban por derrotados, el temor había acabado con aquellos guerreros invencibles.

Cuando Alejandro Magno hubo desembarcado a todos sus hombres en la costa enemiga dio la orden de que fueran quemadas todas sus naves.

Mientras los barcos se consumían en llamás y se hundían en el Mar, reunió a su hombres y les dijo: "Observen como se queman los barcos, esa es la única razón por la que debemos vencer, ya que si no ganamos, no podremos volver a nuestros hogares, y ninguno de nosotros podrá reunirse a su familia nuevamente, ni podrá abandonar esta tierra que hoy despreciamos, debemos salir victoriosos en esta batalla, ya que sólo hay un camino de vuelta y es por mar. ¡Caballeros! Cuando regresemos a casa lo haremos de la única forma posible, en los barcos de nuestros enemigos."

Sólo tenían una opción: vencer. Pero para ello primero debían enfrentarse a sus mayores miedos.

Alejandro Magno y sus hombres... ganaron esa batalla y pudieron volver a su casa en las naves de sus enemigos.

5.6. Tres enemigos acechan nuestra mente

Hay tres enemigos básicos que podemos encontrar juntos o separados en nuestra mente. Aunque por cierto, la aparición de uno desencadena, inevitablemente, la aparición de los otros.

Ellos son: **INDECISIÓN, DUDA y MIEDO**

Sabemos que el primer paso para lograr el éxito es descubrir qué queremos. Es por eso que la indecisión es la primera limitación del camino. Hasta tanto no logremos quitarnos esa indecisión de encima y saber qué es lo que de verdad queremos, no habremos iniciado el camino verdadero al éxito. Podemos quedarnos eternamente ahí parados. Además la indecisión desencadena la duda y la duda es la madre del miedo. El proceso de la "mezcla" de estas tres sensaciones suele ser lento y no se detecta fácilmente. Esta es la razón por la cual estas tres amenazas son tan peligrosas.

Antes de poder dominar un enemigo debemos poder conocer su nombre, sus hábitos y su lugar de residencia. Por eso ahora nos concentramos en el miedo.

La indecisión se transmuta con la decisión y esto está claro: sólo necesitamos saber qué es lo que queremos para lograrlo y desearlo. El deseo elimina toda indecisión.

La duda se transmuta con certeza. A esta altura de los

acontecimientos sabemos, de saber, que el éxito está en nuestros genes. Pero ¿qué hacemos con el miedo? Por lo pronto pongámosle nombre, anotémoslo en un papel y veamos qué pasa.

5.7. El peor de todos los miedos. Excusas y justificaciones.

El miedo es algo que empieza como un pensamiento, se expande rápidamente hacia otros pensamientos asociados, genera sentimientos y emociones, nos hace tomar decisiones en consecuencia y ahí quedamos: tiesos como un cactus, sin capacidad de responder más que con espinosos resultados. Eso sí. Luego elaboramos mil excusas y justificaciones. Una apropiada a cada situación.

¿Cuál es tu peor miedo?
Si fueras bebé te diría el abandono.
Si fueras niño: la oscuridad.
Adolescente: crecer.

Pero habiendo llegado a esta altura de la vida. ¿De qué tenés miedo?

Yo tengo varios miedos. Y tengo excusas y justificaciones para todos ellos. Pero te cuento algo, a la vida no le importan mis excusas y justificaciones. Sólo le importa que me he tomado la molestia de llegar hasta acá para resolver todas y cada una de mis limitaciones, no para ponerles nombre o etiquetas. Y me manda las experiencias todas juntas.

Como el combo de McDonald's. *"Por cincuenta centa-*

vos más tiene también un helado". Y ahí tenés que enfrentarte con el miedo al abandono, el miedo a las alturas, el miedo a las curvas y el miedo a perder el control. Todo junto. Como si se tratara de un juego de computadora en el cual tenés que ir pasando de nivel. Y entonces… ¡zas! El ataque de pánico otra vez. Te tiembla todo el cuerpo, te transpiran las manos, no podés respirar, querés vomitar, todo al mismo tiempo. Y una voz te grita desde adentro desaforadamente: ¡No puedo hacerlo!

Y él te mira con esos ojos azules del color del tiempo y te dice con vos tierna y aterciopelada: *"Mi amor, voy a conducir el auto adelante tuyo. No tengas miedo. Vamos a llegar sanos y salvos. Vos sólo conducí el auto siguiéndome a mí"*.

¿Que parte no entendió? Me va a dejar en el medio de la montaña nevada, a casi 1000 metros sobre el nivel del mar. O voy a tener que conducir camino empinado abajo 150 km, en ruta nevada, donde no puedo controlar el auto ni puedo frenar, con curvas y contra curvas, con angostamiento del camino y autos que vienen del otro lado, con el sol de frente (cuando hay sol y no llueve, todo sucede al mismo tiempo en esa zona).

Sí, me va a dejar ahí.

En medio de las lágrimas y el miedo comprendí el mensaje. Es ahora el momento.

No es que no entendió. La verdad es que le importaron muy poco mis miedos y mis excusas y justificaciones. Si él lo podía hacer, de hecho yo también podía hacerlo. Así que me empujó un poquito (¿un poquito?, estaba con un ataque de pánico); y lo hice. Se concentró en lo que yo podía hacer y no en lo que no podía y no se dejó impresionar por mis lágrimas. Lo mismo que hubiera hecho yo por él. Si no fuera por el ataque de pánico que tenía encima.

No fue fácil. No lo fue. Pero lo hice. Ni siquiera conocía el auto porque era la primera vez en mi vida que me subía a él. Pero lo hice igual. Antes de que me ofrecieran por cincuenta centavos más alguna otra experiencia terrorífica. El Universo es sumamente ocurrente y tiene combos armados para cada particularidad.

Yo, lo hice, y ¡¡¡chau!!!

Lo peor de los miedos es que no se detectan fácilmente. Son básicamente emociones, emociones que nos avergüenzan y aterrorizan. Y cuando tenemos este tipo de sensaciones, tendemos a actuar de manera de evitar sentirlas negándolas o engañándonos respecto de ellas. La negación y el engaño son, entonces, el mayor problema generado por el miedo.

Muchas veces son inconscientes y como tales difíciles de detectar y mucho más difíciles de eliminar.

Dicen los que saben que hay seis tipos de temores básicos, aunque no necesariamente éstos son los miedos que limitan nuestro éxito. Pero sí son la base y fundamento de los otros miedos. Estos son:

POBREZA
CRÍTICA
ENFERMEDAD
PÉRDIDA DEL AMOR
VEJEZ
MUERTE.

Ahí están: la raíz de todos los miedos. Pero, es cierto

que los temores sólo son estados de la mente. Y nuestra mente debe hallarse sometida a nuestro control y dirección. La naturaleza ha dotado al hombre de un control absoluto sobre una sola cosa: su pensamiento. Si no logramos controlar nuestra mente podemos estar seguros de que no lograremos controlar ninguna otra cosa.

Para ese propósito se nos dio la fuerza de voluntad como otro don heredado por derecho de nacimiento. Si no controlamos nuestros pensamientos, nuestros pensamientos nos controlan. Si nos controlan los pensamientos estamos abandonados a nuestras creencias, nuestras emociones, nuestras palabras y nuestras acciones. El control de los pensamientos es resultado del hábito y la autodisciplina.

Las personas que no pueden controlar sus pensamientos, jamás lograrán conseguir el éxito. Estas personas tienen en común un rasgo característico. Todas ellas han encontrado las excusas y justificaciones que explican todas las razones del fracaso.

Son estas excusas y justificaciones las que le dan mayor valor al miedo convirtiéndolo en un enemigo imposible de evitar. Esto es si han logrado superar la negación y el engaño.

Si sólo tuviera (y ahí viene la excusa perfecta):

- Una buena educación
- Menos edad
- Una familia que me acompañe
- Un poco de dinero

- Buena salud
- Tiempo
- Una oportunidad
- Las personas "correctas" a mi alrededor
- El talento
- La voluntad
- Padres ricos
- Ninguna otra ocupación
- Ninguna preocupación externa
- Alguien que me escuchara...

Todo esto nos resume la fórmula perfecta para auto engañarnos:

EXCUSAS Y JUSTIFICACIONES = MIEDO = PARÁLISIS

¿Pero sabes qué? Sólo son excusas y justificaciones, negaciones y engaños, miedos, dudas e indecisiones. La verdad es que te falta disciplina, voluntad, coraje y perseverancia. Cosas que nadie te pude dar, que no se compran en el supermercado y que la sociedad moderna todavía no aprendió a venderte.

Mientras estás focalizado en buscar excusas y justificaciones para tus miedos o tus errores, dejás de focalizarte en lo que deseas. ¿Y sabés qué obtenés? Más de lo mismo, por supuesto.

Veamos algunos ejemplos:

Stephen William Hawking (Oxford, 8 de enero de 1942) físico, cosmólogo y divulgador científico del Reino Unido. Es el actual titular de la Cátedra Lucasiana de Matemáticas (Lucasian Chair of Mathematics) de la Universidad de Cambridge y es miembro de la Real Sociedad de Londres, de la Academia Pontificia de las Ciencias y de la Academia Nacional de Ciencias de Estados Unidos.

Entre las numerosas distinciones que le han sido concedidas, Hawking ha sido honrado con doce doctorados honoris causa y ha sido galardonado con la Orden del Imperio Británico (grado BCE) en 1982, con el Premio Príncipe de Asturias de la Concordia en 1989 y con la Medalla Copley en 2006.

Fiuente:(http://es.wikipedia.org/wiki/Stephen_Hawking)

Y ya que hablamos del combo, hablemos del ideólogo, por qué no.

Ray Arthur Kroc (5 de octubre de 1902, Oak Park, Illinois - 14 de enero de 1984) fue un empresario norteamericano, famoso por ampliar considerablemente la Corporación McDonald's a partir de 1955.

Él no fue el fundador del restaurante, pero sí de la cadena de restaurantes que había sido iniciada por Dick y Mac McDonald en 1940. Apodado el Rey de la Hamburguesa, fue incluido en la lista de la Revista TIME de las 100 personas más influyentes del mundo en la categoría de constructores y titanes de la industria y amasó una fortuna de más de 500 millones de dólares durante su vida.

Fuente: (http://es.wikipedia.org/wiki/Ray_Kroc)

Habrás hecho cálculos, ¿no? Hasta los 52 años nadie había oído hablar de él.

¿Excusas y justificaciones?

No tuvieron.

Como ellos una larga lista.

5.8. Más impedimentos. Palabras.

Vivimos en la creencia de que las palabras se las lleva el viento... Sí, es cierto. Se las lleva el viento y las deposita donde más nos duele, aún sin que nos demos cuenta.

"Te dije que no hagas lo que yo te digo. Hacé lo que vos querés". "Sé espontáneo".

O, lo que es peor, las oculta en un lugar olvidado de la mente desde donde resuenan eternamente sin que las escuchemos conscientemente.

"Con ese carácter nunca vas a conseguir marido..."
"Nada es para siempre", "todo no se puede"

¿Estás atento a las palabras que decís? ¿Te diste cuenta del poder que tienen las palabras que escuchás?

Hasta que no puedas estar atento al poder de la palabra, como hemos visto que es necesario estar atento al poder del pensamiento, el éxito será sólo un objetivo a conseguir y no una realidad a disfrutar.

"*No basta con decir una cosa correcta en un lugar correcto, es mejor todavía pensar en no decir algo incorrecto en un momento tentador*". Benjamín Franklin.

5.9. El poder de la palabra

En el principio de la creación sólo había oscuridad.
Y dijo Dios: "Haya luz" y hubo luz.
Lo primero de todo lo creado fue la luz. Y fue creada con el poder de la palabra.

Pensar en el poder de la palabra es pensar en el poder de la creación. Viéndolo desde el punto de vista del principio de los tiempos tal vez pueda sonar como imposible o poco creíble. Pero veamos. Tomate unos segundos para leer atentamente lo que escribo más abajo:

"Es verano. El fuerte sol de enero quema la arena blanca de la playa caribeña mientras tus pies se posan saltarines como intentando huir del calor. Comés una jugosa y dulce pera que refresca tu boca mientras una suave brisa golpea tu rostro sonrojado por el sol. El sonido del océano retumba en tus oídos y el agua te salpica mientras las olas rompen con furor contra el acantilado cercano".

Seguramente, si has estado atento, has podido recrear en tu mente las imágenes que estabas leyendo. Yo, con mi palabra (ni siquiera dicha, sino escrita) he podido crear imágenes en tu mente... pensamientos. Esos pensamientos, como ya vimos, han creado una realidad. Este es el poder de creación de la palabra.

Si nos diéramos cuenta de lo poderosa que es la palabra seríamos más cuidadosos con lo que decimos. No olvidemos que fuimos creados a imagen y semejanza, quiere decir que somos creadores de nuestro mundo.

Y dijo Dios: *"Haya luz"* y hubo luz.
Y vos dijiste: *"qué miserable soy"* y fuiste miserable.
Y vos dijiste: *"estoy harto de perder el tiempo"* y fuiste miserable.
Y vos dijiste: *"no aguanto más este trabajo"* y fuiste miserable.
Y vos dijiste: *"voy a cambiar de forma de vida"* y fuiste consciente.
Y vos dijiste: *"voy a alcanzar mi máximo potencial"* y fuiste feliz.
Y vos dijiste: *"estoy siendo una persona de éxito"* y así sea.

Sencillo, fácil, concreto.

¿Lo podés creer? Así sea. Como es tu pensamiento es tu realidad.

¿Lo podés decir? Así sea. Como es tu palabra es tu realidad.

Todo lo demás es palabrerío.

El día que nacemos todos los que observan a nuestro alrededor sólo esperan una cosa: los gritos. Básicamente, es la palabra el indicador que espera nuestra madre para asegurarse de que estamos "vivos".

Lindo, ¿no? Primera palabra: vida.

5.10. Comunicación paradójica

En la vida cotidiana en el hogar, la escuela o el trabajo, nos encontramos rodeados de este tipo de comunicación con DOBLES MENSAJES que nos deja prácticamente inmovilizados, paralizados. Sin posibilidad de respuesta. Cualquier cosa que hagamos va a generar conflicto interno.

La Psicología ha prestado especial atención a este tipo de comunicación dado que no somos totalmente conscientes de sus implicancias y estamos provocando un gran daño psicológico con la misma. La paradoja es una contradicción lógica que resulta de una deducción correcta a partir de premisas incongruentes. Según el diccionario, la paradoja es: una figura de pensamiento que consiste en emplear expresiones o frases que envuelven contradicción.

A esta comunicación paradójica se la considera la base de la teoría del doble vínculo establecida por Gregory Bateson en 1956.

NO SEAS TAN OBEDIENTE (¿para ser desobediente tengo que obedecer lo que me pedís?).

TE REGALO DOS CORBATAS Y CUANDO TE VEO USANDO UNA TE PREGUNTO: ¿LA OTRA NO TE GUSTÓ? Te estoy enviando un doble mensaje porque no hay forma en que puedas usar las dos corbatas, necesariamente tenías que elegir y seguramente si te hubieras puesto la otra habrías escuchado la misma pregunta. No tiene que ver con vos. Tiene que ver con la forma de comunicación del otro... ¿o con la tuya?

TE CASTIGO PORQUE TE QUIERO (dejá no me quieras así. Poner límites sí es amor, pero el castigo no es amor).

¿Te das cuenta de cómo esta comunicación afecta tu habilidad de conseguir lo que querés de la vida? Si hay aspectos en los cuales te sentís paralizado, inmovilizado y sin saber qué hacer... preguntate dónde está el doble mensaje en la comunicación que te rodea, o en la propia.

5.11. Comunicación patológica

Salís de una conversación. Algo en tu interior te hace ruido. Repasás la comunicación.
Seguro hubo control, manipulación, acoso, chantaje emocional o algo por el estilo.
No se escucha a simple vista. No se ve. Pero ahí está.
Buscalo porque está minando tu autoestima y alejándote de tu capacidad de autorrealización.

"La verdad... no sos todo lo perfecto que yo esperaba."
¡¡¡Menos mal!!! Sos humano. No hace falta que seas perfecto ni hace falta que seas lo que el otro necesita que seas. ¿Podés darte cuenta de esto? La mayoría de las veces no percibimos estos mensajes y sentimos que es cierto, no somos todo lo perfecto que hubiéramos deseado ser. Ya incorporamos dos errores: ser perfecto y apropiarnos de lo que el otro espera que nosotros seamos.

"Sos un tarado. Te dije que lo digas de otra forma." Ok. Puedo haber cometido un error en la forma de decir lo que esperabas y me dijiste ¿claramente? que diga. Pero esto no me convierte en un tarado. ¿O sí?

"Dale, terminá con ese informe que lo necesito antes. ¿Preparaste la revisión de tu encuesta de evaluación?" ¿Me estás queriendo decir que si no termino con el informe que me pediste para mañana pero lo necesitás hoy, mi evaluación no va a ser satisfactoria? Y sí. Ahora la pregunta es, ¿acepto esta forma de comunicación?

"Me gustaría estar en pareja. Los domingos a la tarde es cuando más me doy cuenta... o cuando me pica la espalda y me tengo que apoyar en el marco de la puerta para rascarme..." Creéme... no es estar en pareja lo que te gustaría con ese discurso. Sólo te gustaría tener alguien con quien salir el domingo y alguien que te rasque la espalda. Una pareja es otra cosa. Por lo menos para mí. A lo mejor para vos sólo es alguien que te saca a pasear y te rasca la espalda. Yo, yo, yo. Esto no es concepto de par, pareja. Comprate un perro.

Sí, esta comunicación es muy sutil. Pero el éxito se construye eliminando sutilezas que nos alejan de nuestro potencial. El control, la manipulación, el acoso, el chantaje sólo son formas que denotan la falta de certeza. Todo lo demás es palabrerío también.

5.12. Lo que decretás se concreta

Y dijo: "Haya luz" y hubo luz. Este es el poder del decreto. Cada cosa que decretás se concreta. Aún las cosas dichas al pasar. Pero, poné atención porque el poder del decreto es muy superior al poder de las palabras dichas así nomás. Aún cuando no hayan tenido intención. La intención reafirma pero no confirma.

Ya vamos a hablar en detalle del poder del decreto. Por ahora sólo basta decir lo siguiente que tiene que ver con autodefinirte y con saber dónde está tu conciencia:

Imaginate que estás subiendo por una escalera al Cielo. En los peldaños inferiores, estamos tan lejos del cielo que le rogamos a Dios por lo que queremos. Son los ángeles los que elevan nuestro pedido. En estos niveles inferiores te sentís tan alejado de tu naturaleza interior, tan dividido y fragmentado, tan cercano al piso (mundo material) que sólo podés confiar en lo que ven tus ojos. En este nivel pedís sin certeza y tenés la capacidad de repetir afirmaciones como un lorito esperando recibir lo que necesitás. Pide, pide, pide que algo recibirás. Miente, miente, miente, que algo quedará.

Cuando nos vamos dando cuenta de quiénes de verdad somos, empezamos a subir los escalones. Nuestra visión del universo se amplía y comenzamos a incorporar a los otros seres que recorren el sendero a nuestro lado, aunque el recorrido es individual. Empezamos a percibir que la palabra es fruto del pensamiento y no necesitamos de intermediarios para conseguir lo que buscamos. Pide y recibirás. Estamos asumiendo la responsabilidad de crear nuestra propia realidad. Los ángeles suben a tu lado.

Inevitablemente y más tarde o más temprano, seguiremos subiendo la escalera hasta darnos cuenta de que la división y la fragmentación sólo son una ilusión del mundo de la materia. Accedemos al poder de la unidad en el cual "tus decretos son órdenes que el Universo ansía cumplir". Asumimos el compromiso de que estamos creando nuestra realidad en la CERTEZA del poder del pensamiento superior. Los ángeles son tus mensajeros también.

Y decís: *"Haya éxito duradero"* y hay plenitud sin límites para vos.

¿Estás preparado para decretar?

5.13. Por sus frutos los conoceréis. Obras.

De nuestros pensamientos sólo nosotros nos damos cuenta, en el mejor de los casos. Nuestras palabras, tal vez se las lleve el viento. Pero nuestras acciones quedan. Y son los frutos dulces o los resultados amargos que evidencian nuestro desarrollo interior.

Podemos pedirle peras al olmo... Pero, ¿quién es el equivocado?

Los olmos no dan peras. Ningún árbol frutal produce un fruto que no viene codificado en su ADN. Los pensamientos son el ADN de nuestras palabras y de nuestras acciones.

Por lo tanto nuestras acciones no pueden menos que ser el fruto de nuestros pensamientos. Si nuestros pensamientos son de éxito, nuestras acciones también lo son. Si nuestros pensamientos no son de éxito, podemos detectar esto revisando nuestras acciones.

"Por sus frutos los conoceréis."
Si el fruto es amargo, el pensamiento no puede ser dulce. ¿Sabés cuáles son tus frutos?

En cada acción hay un pensamiento y una palabra escondidos. La acción es la exteriorización de lo que llevamos dentro y el potencial de nuestro éxito o nuestro fracaso futuro. Este no es un concepto moral.

Cada uno de nosotros es "libre" de elegir sus acciones. Lo importante es tener en cuenta que cada una de esas acciones es el producto de nuestros pensamientos los que pueden beneficiar al mundo, a nosotros mismos o a nadie. Las acciones, en un punto, son efecto de otras causas. Por eso son tan útiles para descubrir los pensamientos que se esconden detrás. Los pensamientos son las causas básicas de palabras y obras. Son las acciones las que ponen en evidencia la esencia que llevamos dentro.

Nos estamos alejando del sendero del éxito cada vez que:

Nuestros pensamientos, palabras y obras no concuerdan
Nuestras acciones se contradicen con nuestros pensamientos
Nuestras acciones se contradicen con nuestras palabras

"Haz lo que yo digo pero no lo que yo hago"...

Puede ser... Pero tené en cuenta que tus palabras... sólo son palabras. Ya vimos las teorías de la comunicación patológica y la comunicación paradójica. Muchas veces las palabras sólo son dobles mensajes con los cuales intentás convencerte de algo que no sos... es decir meros autoengaños.

Tus palabras no convencen a nadie si no te convencen a vos.

Sólo estás convencido cuando tus actos son puros (acordes con tu pensamiento y tu palabra). Porque es por los frutos que se conoce a los árboles.

5.14. Pensamiento, palabra, obra

Nuestras acciones son el resultado de nuestras palabras que son el resultado de nuestros pensamientos.

Existe una conexión muy profunda entre pensamiento, palabra y obra de tal manera que las acciones son el producto de lo que decimos y de lo que pensamos en un nivel no consciente.

Lo más fácil de ver cuando intentamos analizar los caminos que nos conducen al éxito son la acciones, dado que son la manifestación externa, lo material, lo visible. Podemos analizar claramente qué acciones nos conducen al éxito y cuáles no porque podemos observar las acciones. Aunque muchas veces lo difícil es interpretar esas acciones. Toda acción está centrada sabiendo o sin saber, en un pensamiento interno.

Cada vez que te robás un clip de un escritorio le estás diciendo al universo que no sos capaz de comprarte un clip por vos mismo, tenés que robarte el que compró otro. Estamos seguros de que robar no es una acción que nos conducirá al camino del éxito. ¿Estamos seguros? La verdad es que no robamos por el miedo a que nos descubran y terminemos en la cárcel, no se nos ocurre pensar de otra manera.

Pensamos, es más fácil obtener lo que quiero quitándoselo a otro que ya lo tiene que teniendo que pasar por todo el esfuerzo de obtenerlo. A veces sin intención. Pero, ¿nos damos cuenta de todas las palabras y pensamientos asociados al robo? No, la verdad es que no. Sólo no robamos porque no está bien hacerlo, o porque está penado, o porque no es moral. Pero este pensamiento nos aleja del éxito porque implícitamente estamos gritándole al universo que no estamos preparados para hacer el esfuerzo de obtener las cosas por nosotros mismos.

Decir *"robar sería lo más fácil"* es decirle al universo *"estoy de acuerdo con el robo, lo apruebo, lo haría si pudiera"*. Si decimos que no podemos, por más que no robemos, estaremos creando dificultades para obtener lo que queremos.

Pensar en robar es pensar que no soy lo suficientemente apto como para alcanzar lo que quiero. Los pensamientos son cosas que lanzamos al universo. Si pensamos que no estamos preparados, por más que no robemos, no estamos preparados.

La acción sólo es el final del proceso. La inacción también. Pero si esconde estas palabras y estos pensamientos, la acción que me aleja del éxito, me sigue alejando del éxito por más que no sea llevada a cabo dado que oculta palabras y pensamientos que sí lo hacen.

Para poder conseguir lo que quiero debo permitirme conseguirlo en pensamiento palabra y obra.

Para ello debo eliminar todo lo que me limite.

Liberar

6. Cuarto paso: Liberar

Y vos... ¿qué pensás?

Volvemos a los ejercicios. La única forma de asegurarse el éxito es poniendo "manos a la obra". Por esto, te toca trabajar. Sí, a mí también. Pero yo puedo decirte cómo hacerlo porque yo ya lo hice... varias veces. Y, ¿sabés qué? Funciona. Pero no me creas a mí. Hacé tu propia experiencia porque la mía sólo me sirve a mí.

6.1. Ejercicio práctico 6

Este es un manual vivencial práctico. Y para vivenciar hay que tener la experiencia. La experiencia nadie te la puede dar. Tenés que obtenerla por tus propios medios. De eso se trata este manual. Tomá entonces el cuaderno de ejercicios y empezá a escribir. Esta es la historia de tu vida. Podemos llamar a este ejercicio RECAPITULACIÓN DE PENSAMIENTOS.

Tomá mucho papel y varios lápices. Si querés usar colores, mejor. Cuanto más visual sea la experiencia, más imágenes van a tu mente. La idea es recapitular todos los pensamientos que vienen a tu mente. Tomate 7 días para hacer el ejercicio así que no creas que con anotar los que te aparecen ahora fácilmente, ya está. Este es, tal vez, el ejercicio más importante que vas a hacer. Por eso tomate el tiempo que sea necesario. En principio, una semana. Cada pensamiento que te surja verificá si está anotado y si no, anotalo también. ¿Cualquier pensamiento? No, sobre eso ya vamos a trabajar. Por ahora todo pensamiento relacionado con el tema que estás trabajando.

Empezá haciendo una lista de cada uno de los pensamientos que tengas. Todos y cada uno de ellos. Cuantos más puedas anotar, más limitaciones van a salir. Hacé tu mejor esfuerzo por sacar de tu interior todos, todos, todos los pensamientos que tengas. Vas a ver que algunos salen fácilmente, casi te diría que afloran como queriendo mostrarte que ahí están. Otros se resisten. Y hay otros que es muy difícil detectar. Pero no hay nada que se resista a una voluntad persistente: la voluntad de un triunfador.

Ahora bien. No son todos los pensamientos que hay que anotar, sino nos pasamos la vida anotando. La idea es concentrarse en el tema sobre el cual querés conseguir éxito en tu vida. Y sólo los pensamientos que te causen ansiedad, angustia o miedo. Y no te digo que lo hagas sobre el éxito en sí, porque el tema éxito es muy abstracto y es mejor empezar por cosas sencillas para luego enfrentar las más complejas.

Tomemos por ejemplo "SER RICO". ¿Cuáles son todos los pensamientos que tenés metidos en tu cabeza respecto de ser rico?

Estaría bueno también que empieces a anotar todos los que te aparecieron cuando ibas leyendo el ejercicio que hay que hacer, porque esos pensamientos también conspiran contra el éxito de tu experiencia, aún cuando no lo puedas ver claramente.

¡Ah! Y también los pensamientos que surgieron cuando anotaste en la lista de pedidos: un millón de dólares.

Te voy a dar una pequeña lista tentativa de pensamientos que salen fáciles. Sólo como apoyo.

Pongamos primero: **Pensamientos que son afirmaciones respecto de la riqueza.**

- Los ricos son insensibles al dolor humano y poco espirituales
- Los ricos no comprenden las necesidades de las personas
- Los ricos no son buenos
- Los ricos hicieron su riqueza por caminos dudosos
- La mayoría de los ricos estafaron para obtener su dinero
- A los ricos los persigue la AFIP
- A los ricos la gente les pide plata prestada
- Los ricos no saben apreciar las cosas simples de la vida
- Tener dinero implica tener que pagar un precio alto
- A los ricos los quieren por su dinero
- A los ricos sólo les importa el dinero
- Los ricos no tienen moral
- Los ricos sólo luchan por conseguir dinero
- Soy pobre pero honrada
- Si tengo dinero tengo que dar explicaciones
- ¿Cómo voy a ser rica en un país donde la gente se muere de hambre?
- Soy pobre porque los pobres son felices
- Soy pobre porque si me abandonan estoy segura que es porque no me quieren
- Soy pobre porque así no tengo que preocuparme por mantener nada

Mil más... millones de detestables pensamientos, mandatos, doctrinas, culpas, engaños y demás que se van acumulando uno sobre el otro y van adquiriendo poder a medida que se asocian unos con otros.

Pero hay también de los otros: **Pensamientos que son negaciones respecto de la riqueza.**

- Yo no soy rica y nunca lo seré
- Yo no tendré más que el dinero necesario para vivir. ¿Para qué más?
- Yo no me junto con gente rica porque no me entienden
- Yo no soy rica porque vengo de una familia humilde
- Yo no soy rica porque la mayoría de la gente no lo e
- Yo no soy rica porque no me visto con ropa cara
- Yo no soy rica porque si tengo plata me van a robar o secuestrar
- Yo no soy rica porque así nadie me pide nada
- Yo no soy rica porque así me visto cómodamente y no tengo que mostrar

Sí, ya lo noté. La mayoría de los pensamientos que tenemos acerca de la riqueza son estupideces. Por eso te los hago anotar. Porque no te diste cuenta de lo tontos que son hasta que los viste escritos, ¿no?

Elegí el ejemplo "ser rico" porque estamos condicionados con millones de pensamientos de miedo, duda o indecisión respecto del éxito y la riqueza. Y de culpa también.

Si querés seguir, podés hacerlo con otro tema. Pero te recomiendo que trates un tema por vez. Porque ya verás lo escurridizos que son los pensamientos y cómo intentan volver a meterse en tu mente.

Este ejercicio no es para hacerlo a la ligera. Llevá tu cuaderno de anotaciones con vos. Mantené la atención lista para ir anotando cuando te aparezca el pensamiento. No te digas después lo anoto porque, ¿sabés qué?... no hay un después. Estos pensamientos tienen vida propia.

No dejes que se te escape ni uno.

Dale, seguí anotando.

Por cada pensamiento negativo que detectes y anotes en el cuaderno, verbalmente cambialo por su contrario en positivo.

6.2. Ejercicio práctico 7. La lista de todos los miedos.

No vale hacer trampa. Antes de leer la lista que está más abajo, te pido que hagas tu propia lista.

Tomá papel, lápiz y empezá a escribir. Usa tu cuaderno de anotaciones para que te quede todo juntito y después puedas eliminarlo más fácilmente.

Por cada pensamiento negativo que detectes y anotes en el cuaderno, verbalmente cambialo por su contrario en positivo.

Dale... miedo a... ¿al abandono? Sí, también cuenta. Todos los miedos cuentan cuando se trata de conseguir el éxito: alcanzar tu máximo potencial.

¿Qué más?

Miedo a... Dale.

Hacer esta lista seguramente te resulte tan difícil como hacer la lista de los pensamientos. Pero... ¿querés alcanzar el mayor éxito que está programado en tu ADN? Bueno, tenés que hacer el mayor esfuerzo.

Empezá a anotar.

¿Hiciste tu lista? Si querés describir al lado cómo reconocés ese miedo o en qué lo ves, mejor. Como siempre, cuanto más específica sea la lista, más probabilidad de éxito.

Es verdad, el miedo es "la reacción normal y adaptativa que experimentamos cuando nos enfrentamos a estímulos (situaciones, objetos y pensamientos) que implican peligro o amenaza."

Pero… ¿a vos el miedo te impide lograr el éxito que te corresponde por derecho de nacimiento? Entonces ese miedo por más que sea una reacción normal y adaptativa, te está matando.

Los miedos son naturales a una determinada edad. Está estudiado.

Hasta los 6 meses: Ruidos fuertes, pérdida súbita del apoyo y soporte.

De 7 a 12 meses: Miedo a extraños, a la separación de los padres, a objetos que surgen bruscamente.

Al año: Personas extrañas, heridas, separación de los padres.

A los 2 años: Ruidos fuertes, animales, separación de los padres.

A los 3 años: Máscaras, oscuridad, animales y separación de los padres.

A los 5 años: Lesiones corporales, ruidos, oscuridad, separación de los padres, animales.

A los 6 años: Oscuridad, seres sobrenaturales, lesiones corporales, ruidos fuertes, separación de los padres.

De 7 a 8 años: Estar sólo, seres sobrenaturales, oscuridad, lesiones físicas, hacer el ridículo.

De 9 a 12 años: Exámenes escolares, lesiones corporales, aspecto físico, truenos y relámpagos, muerte, oscuridad.

Después de los 12 años… ¿de qué tenés miedo?

Miedo al fracaso.
Miedo al éxito también.
Miedo a diferenciarme.
Miedo al rechazo.

Miedo a lo desconocido.
Miedo al abandono.
Miedo a caer.
Miedo a la pérdida.
Miedo al qué dirán.
Miedo a la muerte.
Miedo a la vida también.
Miedo a ser pobre.
Miedo a ser viejo.
¡Miedo a la libertad!

6.3. Anotando pensamientos

Como habrás notado, los impedimentos básicos de los que nos tenemos que liberar son los pensamientos negativos que producen ansiedad, angustia o miedo. Aunque hay un impedimento previo: ¿quién es el que piensa? Si no sabés quién es el que piensa, nunca podrás saber quién sos, ni lo que querés. Con lo cual podrás ser exitoso, pero no tendrás la posibilidad de repetir el éxito que has logrado o tal vez, no adquirirás la felicidad que esperabas que ese éxito te diera.

Sin embargo, no creas que con saber quien es el conductor y descubrir cuáles son las pistas por las cuales conduce, el impedimento está terminado. No. Detectar los impedimentos implica un trabajo muy profundo, porque como te dije, las ramificaciones son infinitas.

Por eso ahora vamos a poner toda la energía en trabajar con los pensamientos. Volvé sobre ellos una y otra vez porque son escurridizos. Anotá en el cuaderno todo lo que te pasa por la mente, aún cuando no creas que ese pequeño e insignificante pensamiento pueda contar.

Anotalo. Todo cuenta.

Como siempre, si necesitás ayuda, podés ingresar en **www.conoceselsecreto.com.ar**.

6.4. Ejercicio práctico 8. Y vos, ¿qué decís?

Y vos... ¿qué decís?
Volvemos a los ejercicios. La única forma de asegurarse el éxito es poniendo "manos a la obra". Por esto, te toca trabajar. Hablar y escucharte.
Buscá el cuaderno de anotaciones y seguí anotando.

Anotá con fecha y hora la frase que decís cada vez que te escuches decir algo que te produce ruido interior. ¿Qué es ruido interior? Es como una sensación que te dice que estás diciendo una estupidez. Por ejemplo.

"Todo no se puede"
"Nada es para siempre"
"Hay que ganarse el pan de cada día"
"¡Qué mal me siento!"
"Esto nunca lo voy a lograr"
"No puedo hacerlo"
"Te dije que no podía"
"No cuenten conmigo"
"Quiero salir corriendo"

Está bien. A lo mejor estas frases no te hacen ruido interno, pero anotalas igual porque son una mentira.

Pero, ¿cómo es esto? ¿No me puedo sentir mal? Sí podés sentirte mal. ¿Pero en qué te ayuda a sentirte mejor decir que te sentís mal? En nada, ¿no? Y toda la sensación negativa asociada con el sentirte mal en lugar de sanarte te enferma más. Si todavía no encontraste la forma de sentirte bien, por lo menos cerrá la boca. Es el primer paso para empezar a sentirte bien. Y si no lo decís... tal vez empezás a dejar de pensarlo. Y si no lo pensás, va a desaparecer de la realidad. Sí, ya sé. Pero tu dolor de estómago sigue estando... como las facturas que tenés que pagar que siguen llegando.

Si este es tu pensamiento en este punto de la lectura, es como el juego de la oca. Perdés tres casilleros. Volvé para atrás. Desde el principio. En algún punto pusiste el piloto automático mientras leías.

Por cada pensamiento negativo que detectes y anotes en el cuaderno, verbalmente cambialo por su contrario en positivo.

Volvamos a las frases. ¿Viste?, son tan "inocentes" las frases que cuando intentas decirlas a conciencia se ocultan. Por eso vas a tener que hacer un gran esfuerzo de atención para agarrarlas desprevenidas.

Ahora bien. No son todas las frases que hay que anotar, sino nos pasamos la vida anotando. La idea es concentrarse en el tema sobre el cual querés conseguir éxito en tu vida. Aunque no viene mal sacar las otras frases también, de paso... dice el dicho. La verdad, si tenés paciencia, anotá todas las frases que te hagan ruido. Después las vas a poder organizar por tema. Si lográs deshacerte del mayor número que puedas, cuanto antes mejor. Eso sí, el mundo fue hecho para los pacientes. No, valientes. Sí, pacientes y valientes.

Una vez que termines un día... empezá de nuevo al día siguiente hasta que te hayas asegurado haber agarrado unas cuantas estupideces que es necesario eliminar a la brevedad. Porque, ¿sabés qué? Cada palabra está asociada con algún pensamiento y produce alguna acción posterior. Y por eso los estamos tratando en el capítulo "liberar".

Esta es la telaraña interior que te aleja del éxito.

Llevá un anotador con vos a todos lados. Te va a hacer falta.

6.5. Ejercicio práctico 9: Y vos, ¿qué escuchás?

Y vos... ¿qué escuchás?
La vida es un espejo. Vemos en los otros lo que no vemos en nosotros.
El lenguaje no es inocente.
Si escuchamos a otro decir algo, es porque algo de eso hay también en nosotros. Ley de atracción.
Si no es para nosotros o no tiene que ver con nosotros, ni siquiera lo escuchamos. Si lo escuchás, anotalo.

Seguí con el ejercicio anterior. Usá el mismo cuaderno de anotaciones. Es importante que todo quede en el mismo lugar y que no se vaya desparramando. Sino después es más difícil de "agarrar".

El ejercicio es igual al anterior. Sólo que en lugar de preguntarte "¿Qué tontería estoy diciendo?", prestá atención a qué tontería estás escuchando. Por cada pensamiento negativo que detectes y anotes en el cuaderno, verbalmente cambialo por su contrario en positivo.

Anotá con fecha y hora la frase que escuchás cada vez que escuches decir algo que te produce ruido interior. Por ejemplo:

"Todos ellos están haciendo la cosas mal"
"Sos un/a tonto/a" y sus derivaciones
"Nunca vas a cambiar"
"Tenés miedo al compromiso"

¿No te mostré la lista de dichos populares que estoy armando?

Lo hecho, hecho está.
De tal palo, tal astilla.
Quien mal anda, mal acaba.
A lo hecho, pecho.
De arrepentidos está el Cielo lleno.
Muerto el perro, se acabó la rabia.
No pagar por el pito más de lo que el pito vale.
Hombre que huye sirve para otra guerra.
No está muerto quien pelea.
Donde hubo fuego, cenizas quedan.
Perro que ladra no muerde.
Entre la espada y la pared.
No por mucho madrugar, se amanece más temprano.
No hay mal que por bien no venga.
Nada es para siempre.
Más vale pájaro en mano que cien volando.
La suerte de la fea, la linda la desea.
Ladran Sancho, señal que cabalgamos.
El que a hierro mata, a hierro muere.
En casa de herrero cuchillo de palo.
Tarde pero seguro.
Lo cortés no quita lo valiente.
Sobre llovido, mojado.
En boca cerrada no entran moscas.

A falta de pan, buenas son las tortas.
A caballo regalado no se le miran los dientes.
Al que madruga, Dios lo ayuda.
El que mucho abarca, poco aprieta.
El saber no ocupa lugar.
Cada vez que llovió, paró.
Cuando hay hambre no hay pan duro.
Dime con quién andas y te diré quién eres.
Mares tranquilos no hacen buenos marineros.
La calidad bien entendida empieza por casa.

¿Tenés más?
Armemos la lista en www.conoceselsecreto.com.ar.
Pero no voy a ayudarte. Buscá que vas a encontrar muchas más de las que esperás. Basta empezar a agudizar el oído. Sin lugar a dudas vas a encontrar muchas cuando prestes atención a la diferencia de género. Esas son las más divertidas: "todos los hombres tal cosa y todas las mujeres tal otra" (ejemplo burdo para que se vea). Etc. Etc. Etc.
Estas como son más impersonales, usualmente no las vas a considerar en un principio.
¡Ojo! Atención.

6.6. Pensamientos ocultos detrás de palabras

Hablamos sin pensar. Eso creemos. Sabiendo o sin saber, queriendo o sin querer, detrás de toda palabra hay un pensamiento, a veces enquistado. Estar atento a nuestras palabras nos ayuda a detectar esos malos pensamientos que todavía no pudimos eliminar.

Pensamiento, palabra y obra es la secuencia.

Todo pensamiento se exterioriza a través de palabras y actos. Llegar al punto de concentrarse en el tipo de vocabulario que usamos y las frases que salen de nosotros es otra forma de entrar a los pensamientos por una vía lateral.

Es muy importante asociar nuestras frases a los pensamientos de los cuales se derivan porque esto nos va a ayudar a terminar de completar el ejercicio de eliminar los pensamientos que nos alejan del éxito.

Siguiendo con los ejercicios de anotaciones. Agregá una columna al lado de lo que decís y anotá el pensamiento al cual está asociada esa frase:

Frase	Pensamiento Asociado
"Todo no se puede"	"No soy capaz"
"Nada es para siempre"	"La vida es efímera"
"Hay que ganarse el pan de cada día"	"Hay que ganar plata para vivir"
"¡Que mal me siento!"	"No soy capaz"
"¡Esto nunca lo voy a lograr!"	"No soy capaz"
"No puedo hacerlo"	"No soy capaz"
"No cuenten conmigo"	"No soy capaz"
"Quiero salir corriendo"	"No soy capaz"

Por cada pensamiento negativo que detectes y anotes en el cuaderno, verbalmente cambialo por su contrario en positivo.

6.7. Ejercicio práctico 10

Los ejercicios son la base de la conciencia de éxito.
Y más cuando se trata de la acción.
El acto es la cristalización del pensamiento y de la palabra.
Quiere decir que hasta que no observes tus actos no tendrás analizados tus pensamientos y tus palabras.
Pensamiento, palabra y obra.

Ahora, tal vez, necesites más espacio en tu cuaderno. Empezaste con los pensamientos, las palabras ocuparon más lugar. Pero los actos requieren más papel, seguro. Ya sabés el trato a dar al cuaderno, ¿no?

Anotá con fecha y hora las acciones de todo un día, hasta la más insignificante. Todas y cada una de ellas. Esto te va a permitir empezar a tomar conciencia de tus actos. La mayoría de las cosas que hacemos durante el día son actos automáticos. Incluso conducir. Desconectamos nuestra conciencia de los actos que hacemos con repetición. Cuando te parás frente al espejo para lavarte los dientes no estás ahí. Estás pensando en miles de cosas. Dejaste el cuerpo en piloto automático.

Tomá conciencia de esto. Cuando estás presente y cuando no. Recordá que cuando no estás presente no es tu yo consciente el que está en control y sin embargo la acción fue llevada a cabo y luego tendrás que responder por ella.

Al final del día, tomá el cuaderno y empezá a detectar lo siguiente:
- ¿Cuándo estuviste presente y cuándo no?
- ¿Cuál es el mensaje oculto detrás de la acción?
- ¿Qué le está diciendo al Universo esta acción?
- ¿Qué palabras fueron dichas?
- ¿Qué pensamientos se esconden?
- ¿Hay sentimientos relacionados?
- ¿Qué pensamientos esconden estos sentimientos?

Llevá un registro puntilloso de los pensamientos, palabras y obras.

Seguí. Primero hacelo todo un día, luego tomá los actos más importantes, y finalmente los que te resuene que hay que anotar. Confiá en tu intuición, pero seguí revisando. El ego quiere seguir controlando la situación y va a confundirte con muchas artimañas.

Buscamos reprogramar nuestros pensamientos.

Por cada pensamiento negativo que detectes y anotes en el cuaderno, verbalmente cambialo por su contrario en positivo.

6.8. Ejercicio práctico 11

La vida es un espejo.
Vemos en los otros lo que no vemos en nosotros.
Por eso las conductas de los otros que nos molestan están puestas ahí para ayudarnos a ver las conductas en nosotros que nos molestan. No hay otro ahí que vino a molestarte. Hay un yo que busca descubrirse.

Anotá en el cuaderno que venís usando, con fecha y hora las acciones de los otros que te molestaron, hasta la más insignificante. Todas y cada una de ellas. Esto te va a permitir empezar a tomar conciencia de los actos de los otros que también están en vos. Empezá a tomar conciencia de que esos actos, acciones, conductas, etc., están también en vos, aunque no los veas. Tratá de investigar dónde están en vos. Hacé un gran esfuerzo para descubrirlo hasta que puedas verlo. No te permitas engañarte o negarte. No siembres excusas ni justificaciones. No tengas miedo.

Al final del día, tomá el cuaderno y empezá a detectar lo siguiente:

• ¿Cuál es el mensaje oculto detrás de la acción del otro?
• ¿Qué le estás diciendo al Universo con esta acción que no querés ver?
• ¿Qué palabras fueron dichas?
• ¿Qué pensamientos se esconden?
• ¿Hay sentimientos relacionados?
• ¿Qué pensamientos esconden estos sentimientos?

Llevá un registro puntilloso de los pensamientos, palabras y obras. Se consciente de que no estás viendo en vos esto, dado que te viene a través de un tercero.

Por cada pensamiento negativo que detectes y anotes en el cuaderno, oralmente cambialo por su contrario en positivo.

6.9. Libertad de pensamiento

Una forma para liberarse de los pensamientos rápidamente es descubrir que no le pertenecen al verdadero ser que somos.

Somos antenas de radio que sintonizamos pensamientos de acuerdo con nuestro nivel de conciencia. Quienes de verdad somos, está más allá de cualquier pensamiento posible.

Si tus pensamientos te controlan...
Si tus pensamientos te limitan...
Si tus pensamientos te dominan...

Te paralizan, te vigilan, te regulan, te someten, te dirigen, te gobiernan, te mandan, te distraen, te generan preocupación, te restringen, te coartan, te definen, te condicionan, te separan, te estancan, te demarcan, te acortan, te recortan, te encierran, te ciñen, te cercan, te impiden, te obstaculizan, te dificultan, te prohíben, te acorralan, te traban, te determinan, te señalan, te simplifican, te detienen, te interrumpen, te entorpecen, te atontan, te acobardan, te deterioran, te inutilizan...

ARRÁNCATELOS.

6.10. Libertad de palabra

"Haz lo que yo digo pero no lo que yo hago". Pensamiento, palabra y obra, resumidos en una frase. ¿Podemos liberarnos de nuestras palabras?

Sí, podemos y debemos.
Y Dios dijo: "Haya Luz" y hubo luz. Esto quiere decir que antes de la luz estaba la oscuridad. Con lo cual la palabra es tan poderosa que nos permite liberarnos de la oscuridad que nosotros mismos hemos construido. Si es tan poderosa para construir, lo es también para destruir.
Necesitamos entrar en nuestra oscuridad. Necesitamos enfrentarnos con nuestros demonios. Necesitamos enfrentar la batalla. "Si querés tener paz... preparate para la guerra."
Y esto se logra a través del silencio. No en vano tenemos en nuestra cabeza siete orificios de comunicación de los cuales la boca sólo es uno de ellos. Sí, es verdad, el más grande. Por ello tenemos internalizadas las frases:

"El pez por la boca muere."
"Somos dueños de nuestros silencios y esclavos de nuestras palabras."

Si tus palabras no son el poder creador de tu éxito, entonces son el poder creador de tu fracaso, junto con tus pensamientos y con tus acciones.

6.11. Libertad de obra

Somos esclavos de nuestros hábitos. Automatizamos nuestra vida reaccionando a instintos, mandatos, reflejos condicionados, etc., etc., etc.

Hábito: Modo especial de proceder o conducirse adquirido por repetición de actos iguales o semejantes, u originado por tendencias instintivas.

Es un comportamiento repetido sistemáticamente de tal manera que luego de un tiempo se automatiza sin que sepamos la razón por la cual lo estamos haciendo. Como la historia de los monos. ¿Te acordás?

A cada acción corresponde una reacción. Vivimos en un mundo en el cual nos encontramos dominados por nuestros hábitos y la respuesta que obtenemos por nuestras acciones es una sucesión de hábitos del resto de las personas que nos rodean o nos rodearon.

Tiempo desgastado inútilmente. Vida sin sentido. Esclavitud.

Estamos envueltos en una burbuja que no nos deja ver la REALIDAD. Pero más allá de la burbuja hay un ser más grande, nuestro verdadero ser, que está pidiendo a gritos que logres aquello por lo que has venido a este mundo.

Son los hábitos los que delimitan nuestro círculo de confort, nuestra zona de comodidad, nuestro campo de inacción.

Tus hábitos son sólo pensamiento, palabra y obra repetidos sin conciencia.
Liberate de tus hábitos.
Arrancátelos.
¿Cómo? De la misma forma en que salís de la zona de confort. Cambiando la manera de hacer las cosas. Evitando la rutina y levantando el piloto automático. Volviendo a tomar la dirección de tu vida.

Te voy a contar una historia.
Cuando tenía 31 años, me levanté un día con una angustia terrible. Sentía una sensación en la boca del estómago muy desagradable. Lo charlé con varias personas antes de decidirme a ir al médico. No tenía ningún síntoma específico más que esa sensación de angustia. Todos me dijeron: "Dejate de molestar, no es nada".
La sensación seguía. Estuve tres días con ese síntoma sin diagnóstico. Al tercer día, cuando me disponía a ir a trabajar una fuerte emoción interna me dijo: "no vayas". Me dije: "no voy". Al rato me sentí culpable. Y me dije: "voy a trabajar".
Me arreglé, salí de mi casa, subí al auto y no pude ponerlo en marcha. Otra vez la voz interna diciendo: "no vayas". Me detuve por un segundo y no podía creer estar viviendo esa situación. Me dije a mi misma: "crecé de una vez, poné el auto en marcha y andá a trabajar". La voz interna me dijo esta vez: "no tomes el camino de siempre, cambiá de recorrido". Acepté. Me dije: "voy a cambiar de recorrido. Es una buena idea".
A los dos minutos estaba conduciendo en estado "piloto automático - no interrumpir". Obviamente con-

duje por el mismo camino por el que lo venía haciendo, en un estado de conciencia desconectado.

De pronto, todo empezó a suceder como en cámara lenta. Me vi cruzando una calle que cortaba la calle por donde yo iba. Al otro lado había un montón de gente en la vereda aplaudiendo y gritando. Todo sucedía en cámara lenta. De repente, cruzo la calle y pierdo el control del auto en una mancha de aceite que había en el piso.

Intenté frenar. Sí, ahí fue cuando aprendí que no hay que frenar. Tarde. Lo aprendí tarde. Mi auto fue a dar contra otros dos autos que habían chocado antes que yo y quedaron detenidos en la mitad de la calle.

¿Hubiera podido evitarlo?

Por supuesto, mi voz interior me gritaba: "no vayas a trabajar, no tomes el camino de siempre". Pero mi piloto automático fue más fuerte.

¿Sabés que es lo más raro? El hombre con el que choqué que estaba detenido ahí por el choque que tuvo con un auto antes, trabajaba en la misma empresa que yo.

Y no me maté porque no era mi momento.

6.12. Des-ilusión

Dice el diccionario de ILUSIÓN: concepto, imagen o representación sin verdadera realidad, sugeridos por la imaginación o causados por engaño de los sentidos.

Los cinco sentidos nos engañan. No creas todo lo que ves, ni lo que oís, ni lo que olés, ni lo que tocás, ni lo que saboreás. Es todo una ilusión. Sí, ese mundo que creés real y en el que confiás con tu "ver para creer", es el mundo que te está engañando. Se ve real, ¿no?

Ya sabemos que en realidad, no hay un otro ahí afuera que engaña al que está acá adentro. No es el mundo que te está engañando al no ser como vos lo percibís. De hecho, el mundo para vos es sólo como vos lo percibís. Una ilusión que te armás.

Te cuento un secreto más. Sólo son átomos y espacio vacío.

La des-ilusión es lo mejor que te puede pasar. Es uno de los primeros tropiezos que es necesario enfrentar para asegurarse el recorrido del verdadero camino del éxito.

Todo comienzo viene rodeado de ilusiones. Una relación que se inicia, un nuevo trabajo, una mudanza. Todo. Pero luego de un tiempo, en el mejor de los casos, aparece la desilusión. Nos enfrentamos con la realidad, con todo eso que antes no habíamos visto. No queríamos ver. Cada desilusión es como un despertar, un despertar a otro estado de conciencia. La ilusión sólo son velos que vamos poniéndole a la verdad para hacerla más accesible a nuestras necesidades. Pero cada uno de esos velos son como una cortina gigantesca que no nos permite ver la luz, que más tarde o más temprano, se revelará descarnadamente ante nosotros.

Uno de los parámetros que se utiliza para medir el grado de madurez de las personas es su nivel de tolerancia a la frustración. A mayor nivel de tolerancia, mayor grado de madurez. Y esto es lógico. Muchas veces encontrarse con la realidad genera frustración.

Define el diccionario de la Real Academia Española **frustrar** (Del lat. frustr_re) como:

1. tr. Privar a alguien de lo que esperaba.
2. tr. Dejar sin efecto, malograr un intento. U. t. c. prnl.
3. tr. Der. Dejar sin efecto un propósito contra la intención de quien procura realizarlo. U. t. c. prnl.

Aunque deberíamos agradecer haber podido correr la cortina y estar listos para ver los rayos del sol, que, dicho sea de paso: "aunque no lo veamos, siempre está".
Ojo, tolerancia no es indulgencia.
Des-ilusionate de las imágenes y representaciones que tenés de vos mismo porque te condicionan.
¿Cómo? No creés ilusiones. Creá realidades.
¿Cómo creás realidades? Siendo consciente de quién sos y para qué estás acá.
¿Sabés lo que tiene de doloroso la des-ilusión? Que destruye todas las expectativas que tenías de un golpe. Como el escobazo que le di a la telaraña. Y duele porque no somos arañas. No volvemos a construir lo destruido sin lamentos y sin quejas. Por eso, no esperes a que la des-ilusión te venga de afuera (en realidad no te viene de afuera, te viene de un nivel superior de tu propio ser). Porque duele. Siempre duele.

Tenemos que hacer el camino que vinimos a hacer. Para eso vinimos. Lo hacemos con voluntad y conciencia o lo hacemos con sufrimiento y sin conciencia.

6.13. ¿Y ahora qué?

Sí… ¿Y ahora qué?
Llegaste al punto en el cual detectaste absolutamente

todo lo que te impide alcanzar el éxito.

Sabiendo esto… ¿qué vas a hacer con todas estas limitaciones?

ARRANCÁTELAS

6.14. La suma de todos los pensamientos

Hasta acá hemos llegado al punto en el cual logramos recopilar todos los pensamientos que limitan tu capacidad de éxito, los implantados y los auto generados. Desbaratamos la telaraña que los sostenía. Nos metimos en palabras y acciones que le daban valor. Descubrimos el miedo, el engaño, la negación, las excusas y justificaciones. Buscamos la base de tareas de la fuerza para materializar. Señalamos el ego, el poder y el dinero como enemigos a tener en cuenta. Y los tenemos todos en un cuaderno que nadie nunca vio, pero que existe.

¿Y ahora qué?

Ahora vamos a agregar unos ejercicios más… No estaban previstos. Pero son necesarios:

Tomá lápiz y papel y hacé una lista continuando con la siguiente frase:

"No puedo…….. porque……"
"Ojalá pudiera…….."
"No debo…….."
"Lo mejor sería que…"
"Nunca voy a……"
"No me importa que…"
"Estoy esperando que…….."
"No me toca a mí porque…"
"Siempre soy REALISTA cuando se trata de……"

"Mejor dejarlo para cuando...

Viste que no es tan fácil detectar todos los impedimentos... ¿Cuántos de los pensamientos expuestos en este ejercicio no los habías anotado en los ejercicios anteriores? Bueno, es ahora el momento de repasar hasta estar seguro que no se te escapó ninguno.

Ahora vamos a eliminarlos.

Este proceso es energético. Es decir, funciona en un nivel de realidad diferente del ordinario. Aunque, por supuesto, tu autosugestión, tu pensamiento y tu deseo le dan el poder de destruir todos los vestigios que queden de limitación.

Por eso es un buen momento para revisar todo lo recolectado en el cuaderno.

¿Estamos listos?

Y sí, a esta altura de los acontecimientos nos estamos dando cuenta de que no estamos solos en esta tarea. Todos los que estamos haciendo esta transformación estamos unidos en un nivel de conciencia que trabaja para eliminar limitaciones y lograr que esta humanidad llegue a ser lo que está destinada a ser: un grupo de SERES HUMANOS trabajando en unidad y armonía para el bienestar general.

6.15. Eliminando los rastros de pensamientos, palabras y obras

Este procedimiento también es aplicable al resto de los pensamientos negativos que te alejan de tu éxito, o a los que te alejan de cualquier cosa que desees.

No permitas que tu mente cuestione el procedimiento porque ésta es la estrategia que usan tus pensamientos para alejarte del éxito.

Cumplí el procedimiento sin cuestionamientos. Sólo cumplí el procedimiento. ¿Podés hacer algo tan sencillo, sin pensamiento alguno? Bueno, veamos.

¡¡¡Imagino que ya tenés la lista de los pensamientos!!! ¿Estás seguro/a de que ya está completa totalmente? Revisala otra vez, fijate si no te falta incluir algo más... Los miedos más terribles y los pensamientos más limitantes suelen esconderse en lo más profundo.

Bien, si estás seguro/a, llegó la hora de cumplir con el procedimiento. Acordate de que la indecisión es otro de los enemigos básicos del éxito.

¿Tenés la lista?, ¿está suficientemente detallada y explícita?

Momentito.

¿Y las palabras? Tenés también la lista de pensamientos que surgieron de las palabras, ¿no? ¿Y las acciones? Sí, también la lista de pensamientos asociados a las acciones. Y todo otro pensamiento adicional que te provoque ansiedad, angustia o miedo. No queremos eso en nuestra vida y por cierto no lo necesitamos para seguir creciendo, al contrario.

Con las acciones termina el circuito para poder detectar los pensamientos y las palabras que nos alejan del éxito. Sí, es una sucesión interminable. Pero el éxito no es para cualquiera, requiere la fortaleza de carácter necesaria como para poder llegar al final del circuito habiendo detectado hasta el último pensamiento rebelde.

La lista, el cuaderno y la revisión de todo lo obtenido son sólo algunos de los pasos que te permitirán quitarte las limitaciones. Esto sólo te dota de DISCERNIMIENTO. Pero sin VOLUNTAD, CORAJE Y PERSEVERANCIA nada se consigue en la vida, y menos en lo que se refiere al camino del éxito.

Es momento de comenzar a deshacernos ahora de las limitaciones.

Retirá del cuaderno todas las hojas con los pensamientos que vas a destruir. Arrancalas. Con fuerza y con decisión.

Repasá todos los pensamientos que hayas anotado. Cambiá esos pensamientos por su figura contraria. Por ejemplo, si el pensamiento es: "no quiero sufrir", cambialo por "quiero ser feliz". Anotá el nuevo pensamiento en las hojas que siguen del cuaderno. Tu cuaderno a partir de ahora se transforma en un cuaderno de pensamientos positivos. Con tu transformación todo tu entorno se transforma. Y esto es lo que estás creando: transformación.

¿Que no?

Así sea. Tus deseos son órdenes. ¿Te acordás?

Esas hojas que arrancaste, rompelas. Sí, en mil pedacitos, de la misma manera en que estás destruyendo todos y cada uno de esos pensamientos que te limitaron. Tomando conciencia de este proceso. Agradeciendo porque te acompañaron hasta acá y asegurando que ya no son necesarios.

Estás haciendo un proceso de transformación profunda.

Permitítelo.

Ahora, esos pensamientos que tenías, están totalmente destrozados. Vamos a terminarlos. Quemalos. Con fuego. El fuego libera. Todo, destruí todo, todo, todo. Sólo vas a construir frases de éxito en tu vida. Lo demás desaparece, se lo lleva el fuego.

Es importante que lo hagas vos mismo/a, que veas mientras se consume y que te asegures de que quemando la lista estás quemando los miedos y los pensamientos limitantes.

¿Ya está? ¿La viste quemándose?

Seguro que no te apareció un pensamiento del tipo: "¿con esto ya está?". Si te apareció, y seguro que te apareció... anotalo en un papel, cambialo por su opuesto y quemalo también.

Disfrutá de la sensación de liberarte de las limitaciones.

¡¡¡Sos libre!!!

Fuiste creado libre y a imagen y semejanza. Has recuperado tu capacidad de crear en libertad. Es un don divino. Ejercelo con compromiso y responsabilidad.

No hay vacío en el Universo. Por eso, el espacio que dejan en tu mente estos pensamientos negativos debe ser llenado con pensamientos positivos. Empezá a leer la lista de pensamientos positivos que fuiste anotando. Leela todos los días por siete días. Y al final de la lectura, leé la lista de lo que querés conseguir.

Llená tu mente con pensamientos positivos. Con naturaleza, con música, con imágenes de abundancia, con niños y con mascotas. Con viajes y aventuras, con pasión, con mucha pasión.

Para eso viniste a este mundo.

Disfrutá de tu poder de ser, hacer y tener todo lo que se antoje.

Después de que lo hayas hecho, tomate unas vacaciones de vos mismo. Pero mantené la conciencia de éxito que estás empezando a conseguir.

Te doy un dato exquisito. Este proceso tiene mucha mejor aceptación si lo realizas durante 21 días. Los días anteriores a la luna nueva. Los 7 días posteriores a la luna nueva son para plantar pensamientos positivos.

De ahora en más sólo tenés una opción en tu vida: alcanzar el éxito que está programado en tu ADN.

Vos, como otros lo fueron antes, podés ser ese ser humano que vino a transformar a la humanidad elevando su nivel de vibración.

Ya te lo dije, ¿no? Sin cuestionamientos.

6.16. Lo que recreás se reconstruye

Si cumpliste con todos los procedimientos de esta semana, pero aparece en tu mente la duda... tenés que volver a empezar.

Si reaparece el pensamiento que buscaste destruir en tu mente, tenés que volver a empezar.

No te preocupes. Seguro vas a tener que empezar, reempezar y volver a empezar miles de veces.

Tardaste 20, 30, 40 o vaya uno a saber cuántos años más en construir este pensamiento de duda, indecisión o miedo. ¿Creés que va a irse sin resistirse? No.

Tené en cuenta también que, como dice Carl Jung: "Lo que resistes, persiste". Esto quiere decir que cuanto más te resistas a dejar ir un pensamiento, un miedo, una duda o una indecisión, más fuerte se grabará en tu mente afectando todo lo que toques, lo que mires y lo que desees. Y a fuerza de repetición y de asociación con otros pensamientos de similar vibración, se perpetuará en tu vida hasta que te los arranques.

Cada vez que recreás un pensamiento, le volvés a dar poder para que se instale en tu mente. Entonces empezá todo de nuevo porque ahí se enraizó otra vez.

¿Escuchaste hablar alguna vez de la escala de inferencias? Te voy a contar un cuento:

Había una vez una señorita que venía conduciendo su auto en una ruta. Era de noche, llovía, no se cruzaba con ningún otro auto. Estaba sola. De repente, se pinchó una cubierta. Sí, en medio de la lluvia, en una ruta que no conocía, sola. Se dispuso a cambiar la cubierta cuando se acordó que no tenía las herramientas necesarias para hacerlo. "Qué mujer de poca suerte" se dijo a sí misma. Tenía que cambiarla antes de inundarse en medio de la tormenta.

A lo lejos divisó una casa. Podía verse la luz prendida en el interior a través de una ventana. Juntó coraje y provista de un paraguas se dijo: "tal vez en esa casa me puedan ayudar". Salió del auto y comenzó a caminar bajo la lluvia hacia la casa.

Los pensamientos empezaron a caer uno a uno. "Son las dos de la mañana, no puedo tocar el timbre a esta hora". Seguía caminando. "Pero si no me ayudan me voy a tener que quedar ahí parada esperando que pase algún auto. No pasa nadie. Mejor voy y pregunto". Seguía caminando. "Pero la gente se va a asustar cuando toque el timbre y no me van a atender, es más, me van a gritar porque interrumpo a esta hora". La casa estaba cada vez más cerca. "No tengo otra alternativa más que tocar. No puedo quedarme ahí estacionada en medio de la ruta". Más cerca. "Pero no me van a ayudar. No tengo derecho a molestarlos pidiendo ayuda aún en esta noche tormentosa". A unos pasos. Mientras tocaba el timbre y esperaba que alguien abra seguía con sus pensamientos. "Siempre me pasa lo mismo. Termino en el medio de la nada y sin ayuda".

Un hombre sonriente abrió la puerta y preguntó: "¿Buenas noches, qué necesita?".

La señorita empezó a los gritos. "Nada, no necesito su ayuda. Ya estoy acostumbrada a arreglarme sola en todo". Se dio media vuelta y se volvió al auto ante la mirada atónita del hombre que la observaba desde la puerta de su casa.

Un pensamiento negativo lleva a otro pensamiento negativo y finalmente elaboramos en nuestra mente una historia inexistente de una realidad inferida. ¿Crisis financiera mundial? Sólo es una escala de inferencias que utilizamos para explicar nuestro miedo a perder nuestro trabajo, nuestra ilusoria seguridad, nuestro estatus. No hay crisis allá afuera si no hay escala de inferencias negativa aquí adentro. La suma de las inferencias negativas de muchas personas crea la crisis financiera mundial. La gente deja de gastar, ahorra por un posible futuro caótico, no consumen, las empresas no venden lo que solían vender, despiden porque no pueden pagar los sueldos, menos consumo, etc., etc., etc. Profecía autocumplida.

Ciertamente ésta es la parte más difícil del camino al éxito porque si no lograste construir una buena defensa contra los pensamientos negativos y los modelos mentales que te llevaron hasta donde estás... no lograrás salir.

Lo mejor que podés hacer es estar ATENTO a tus pensamientos, palabras y acciones. Pero, te diste cuenta de que muchas veces pensás una cosa, decís otra y hacés otra... ¿Cómo que no? Todos lo hacemos. Pero es un proceso tan poco consciente que ni nos damos cuenta (obvio, por eso es inconsciente). Y cada vez que tu pensamiento difiere de tu palabra y de tu obra, ¡zas!... terreno fértil para alejarte de tu éxito.

Pero hoy estamos concentrados en los pensamientos. Tratá de estar atento a cada uno de los pensamientos que se te crucen por la cabeza. Hacé una prueba aunque sea un día. Después vas incorporando más días y así vas a lograr tener control sobre tus pensamientos siempre.

Ya te liberaste de las negatividades. No empieces a juntar otra vez.

Llená tu mente de pensamientos de abundancia y prosperidad y eso encontrarás a cada paso.

Preguntate por cada pensamiento:

1. ¿De dónde viene?
2. ¿Es mío o es implantado?
3. ¿Me conduce al éxito o me conduce al fracaso?

Si viene del miedo, la duda o la indecisión. Si no es tuyo en absoluto. Si sólo te conduce al fracaso... DESHACETE de ese pensamiento o ese pensamiento se deshará de tu habilidad para alcanzar el éxito que es tuyo por derecho de nacimiento. Y cambialo por su contrario.

¡Seguí quemando papeles!

Es muy importante que cada vez que detectes un pensamiento negativo lo cambies inmediatamente por su contrario positivo. De esta manera te estas focalizando en lo positivo y sólo eso atraerás.

¿Estás listo para hacerlo? Bueno, hacelo.

6.17. Estamos en guerra

Estamos en guerra. Sí, en guerra. En una guerra silenciosa, imperceptible, indocumentada, interminable. Una guerra que no podemos descubrir, que está metida en nuestras entrañas. Una guerra que viene ganando nuestro enemigo. Es en ese silencio que radica el mayor poder de nuestro adversario. Es en esa imperceptibilidad, que se mete en nuestras vidas y nos domina desde lo oculto.

Está involucrado y en pleno dominio de cada uno de nuestros actos conformistas, en nuestros silencios tenues, en nuestras mediocridades, en nuestra mansa aceptación, en el miedo, en el pasado, en el confort, en la inercia, en los hábitos, en el tiempo, en lo temporario, en las dudas, en las excusas y justificaciones, en la comodidad, en lo aprendido de memoria, en el autosabotaje, en la profecía autocumplida.

En nuestro ego-ismo.

Dice el diccionario de egoísmo: *"Inmoderado y excesivo amor a sí mismo, que hace atender desmedidamente al propio interés, sin cuidar el de los demás"*.

Ego: "En el psicoanálisis de Freud es la instancia psíquica que se reconoce como yo, parcialmente consciente, que controla la motilidad y media entre los instintos del ello, los ideales del superyó y la realidad del mundo exterior". Una ilusión.

Ismo: "Forma sustantivos que suelen significar doctrinas, sistemas, escuelas o movimientos".

Egoísmo = doctrina del ego = ilusión.

Pero si el ego es una ilusión, ¿de qué guerra me estás hablando, entonces? ¿Quién está librando la batalla? ¿Quién es el enemigo? ¿Dónde se desarrolla la guerra? ¿Quién viene ganando?

6.18. El ego, nuestro enemigo

Cuando nacemos no podemos distinguir entre nuestra madre y nosotros. Tardamos años en construir una identidad propia para que se transforme en el monstruo que nos domina y nos quita la libertad de ser quienes "de verdad" somos. A esto le llamamos sanidad psíquica.

Sí, es verdad. Tardamos años en construir nuestro "yo" o ego, como lo quieras llamar. Pero ese ego no es más que los modelos de realidad que fuimos tomando de quienes nos rodeaban, de la cultura, la educación, la raza, la religión, etc., etc., etc. Aunque, es cierto que el hecho de formar esta personalidad nos ha otorgado la calidad de "ser persona" en su sano juicio. Pero, ¿cuál es ese "sano juicio"?

El "sano juicio" es: el comportamiento socialmente aceptado, vale decir aprobado por la mayoría de la gente que "vive como hay que vivir" en esta sociedad moderna.

El pensamiento digital de la generación.
El éxito financiero rápido para adquirir muchos bienes.
La vestimenta de talle "small".
La comida gourmet o la comida chatarra en horario de trabajo.

El celular con cámara digital, video, Internet.
Colegio privado y un master en el exterior.
El pelo sin rulos, largo o con extensiones.
El botox.
Las marcas conocidas.
La notebook, el iPod (ahuyentador de realidad), el iPhone.
La Nintendo I, II, III, y demás que sucedan.
La nueva era, la era de acuario, y otras filosofías pasajeras.

Es cierto, esto cambia de cultura a cultura. Lo que en Argentina es "in" en Noruega es "out".
Cualquier cosa diferente produce terror. Fobia, neurosis, mecanismos de defensa, histeria, angustia, etc., etc., etc. Prozac, Lexotanil, exceso de alcohol, marihuana, o lo que sea que uses para tapar el agujero negro. ¿Shopping? También.

¿Pero quién es el que sufre la inadaptación? El ego. Es el "yo" el resultado de la socialización de la persona. Es el único que teme no responder al patrón esperado. Tiene miedo a la desaprobación, miedo a la libertad, miedo a la diferencia. Miedo a no ser lo que los otros esperan que yo sea. Miedo a no ser lo que yo mismo espero ser. ¿Y qué es lo que yo mismo espero ser? ¿Yo mismo, o el resultado del yo mismo que los otros esperan que yo mismo sea?

La guerra comienza cuando nuestro ego nos hace pensar y creer que ese miedo lo estamos sintiendo nosotros, que existe alguna posibilidad de que podamos no ser lo que somos, que existe la opción de que podamos no ser aceptados. Pero esto es sólo una ilusión.
Porque somos muchos más que el "yo" que hemos construido. Somos mucho más que el "ego" que hemos

armado para poder vivir en sociedad. Y ese ser que somos no necesita "mostrar" porque ES aunque no sea visto y EXISTE aunque nadie lo vea, como la verdad.

6.19. ¿Cómo caímos en esta guerra?

Con esfuerzo, con mucho esfuerzo, tratando de sobrevivir, crecer y perpetuarnos.

Tardamos toda una vida para llegar a definir quiénes somos para darnos cuenta de que en realidad poco importa esa definición. Pero claro, este es el Secreto que muchas veces no nos alcanza la vida para develar.

El proceso de descubrimiento comienza antes del año de edad y parece desarrollarse en torno a la respuesta a las siguientes preguntas: ¿qué quiero?, ¿qué tengo?, ¿qué sé? y ¿quién soy? En el mejor de los casos deberán pasar dos años (el 100% de nuestra vida hasta ese momento) hasta que logremos decir YO luego de enfrentarnos con los verbos querer, tener, saber, ser.

El bebé empieza primero sabiendo lo que NO quiere. Come la papilla hasta que no la quiere más y la escupe. Le acercás la cuchara y mueve la cabeza en sentido horizontal de derecha a izquierda... El papá dirá: "dice no, mirá qué lindo..." La mamá dirá: "sí, qué lindo, mirá qué enchastre..." Son los primeros pasos para definir la personalidad.

Luego el bebé estira las manos para alcanzar el muñeco de peluche que no tiene, gesticula, grita y se enoja si no se lo dan. Comienza a darse cuenta que hay cosas que tiene y cosas que no tiene. Es el momento del jueguito: "no está..., acá está".

Llegó el momento del "mío". Cuando logra alcanzar lo que quiere no habrá forma de sacárselo de sus manos pues sólo será "MÍO", de él o de ella y de nadie más. El niño o niña sabe que es suyo, tiene que ser suyo, quiere que sea suyo, y es lo único que importa.

Hasta acá el proceso de evolución no le ha permitido pronunciar muchas palabras, sólo las necesarias. No obstante, tiene una idea clara de lo que quiere y de lo que no quiere aún cuando sólo puede decir NO y no ha logrado decir SI, todavía. Sabe también lo que tiene y lo que no tiene y aún cuando sólo puede referirse a sí mismo a través del uso de la tercera persona del singular: nena, nene, como si existiera dentro de él o ella algún otro personaje que desea. El nene quiere el chiche en lugar de yo quiero el chiche.

Finalmente logra decir YO, y es el momento en el cual la mamá y el papá habrán perdido irremediablemente a ese bebé que acunaban a su antojo y habrán ganado a ese ser humano en miniatura que se ha convertido en un ser demandante que sabe qué quiere, qué tiene y quién es.

Mi papá siempre dice que este es el momento en el cual después de tanto decir "me lo comería", cuando es bebé, te arrepentís de no habértelo comido. Sí, es el modelo mental de mi papá.

Y así desde muy chiquitos empezamos a establecer nuestro círculo de confort, la zona en la cual nos sentimos cómodos, donde tenemos lo que queremos y para que nos vamos a esforzar más.

Como ha evolucionado este bebé en el proceso de

saber quién es, así hemos evolucionado los seres humanos en el proceso de descubrir nuestro YO, por medio de la conciencia. Primero sabiendo lo que no queremos, luego conociendo lo que tenemos y por último definiendo quiénes somos. Sin embargo, esta etapa ha sido sólo la primera aproximación al conocimiento de quiénes somos. La niñez, la adolescencia, la madurez, nos han llevado por otros caminos de descubrimiento o redefinición del quiénes somos, sin mencionar los mandatos familiares, las socialización escolar, las instituciones religiosas, políticas, culturales, la raza, la sociedad, las organizaciones a las que pertenecimos, la moda, etc., que se han encargado de predefinir lo que debemos ser para ser "gente como uno".

Inevitablemente, llegará un momento en la vida de toda persona adulta en que se preguntará "¿quién soy yo en verdad?" y ese será el momento oportuno para comenzar a desandar los caminos recorridos en el "proceso de socialización" para quitarse las ideas adheridas o impregnadas desde el afuera y encontrarse con el verdadero ser que mora en su personalidad.

Y si no se lo pregunta, intentará estrategias inconscientes buscando tapar el agujero negro interior.

6.20. Nuestros genes, campo de batalla

El campo de batalla en el cual pelea nuestro ser y nuestro ego una lucha silenciosa se desarrolla así en los genes como en la vida cotidiana.

El gen es egoísta por definición, en palabras de

Richard Dawkins. Sólo busca la supervivencia de la especie sin importar nada más. La naturaleza genética sólo quiere el éxito, la supervivencia de la mejor parte en beneficio de la especie. Sólo los fuertes sobreviven. Sólo los más aptos.

La naturaleza humana, sin embargo, es altruista por definición. Sólo conseguimos el éxito cuando podemos darlo y compartirlo con los demás sin expectativas y sin egoísmo. A decir verdad, conseguimos otros "éxitos" que no son tales en la medida en que no son duraderos. Me refiero al éxito de verdad, al que trae plenitud duradera.

La vida se transforma entonces en un campo de batalla cotidiano entre la parte de mí que sólo busca la supervivencia de lo más apto y la parte de mí que necesita entregarse para lograr plenitud.

Una contradicción interna con la cual tenemos que aprender a vivir.

6.21. La apatía y el conformismo, la estrategia del enemigo

El enemigo es muy inteligente y conoce de estrategia mucho más que nosotros. Sabe que estamos en guerra. Nosotros recién ahora nos estamos enterando. Nos lleva años de ventaja. Sin embargo... ¡¡¡estamos tan cómodos!!!

Sí, es cierto. La ignorancia produce una sensación muy parecida a la felicidad. La apatía y el conformismo también. Es tan fácil estar cómodo, ser cómodo, sentirse cómodo, tener comodidad. Es tan fácil, que parece una forma natural de vivir.

¡No te quejes entonces!

¿Qué pasaría si un niño decidiera quedarse cómodamente sentado en su silloncito por el resto de su vida?

Pero son la apatía, el conformismo, el confort, la comodidad, la inercia, la pereza, la indolencia y la desidia, entre otras cosas, los que dan la fuerza y el poder a nuestro enemigo.

Aunque, es sólo su estrategia. Una estrategia que viene aplicando con un grado de éxito supremo. Una estrategia a la cual nosotros contribuimos con calma mansedumbre y aceptación incondicional.

Es hora de despertar del letargo. Porque la guerra tiene que terminar.

Es el ego o mi mejor parte. Vos elegís.

La preguntas del millón es ¿dónde entrás vos en toda esta historia? Fácil, si no sos el ego, sos tu yo superior. Cada vez que no sos el ego sos tu yo superior.

Pero no se lo digas al ego... que se enfurece y te viene con más pensamientos negativos de miedo, duda e indecisión.

6.22. El conocimiento y la voluntad, las mejores defensas

Sólo el conocimiento te traerá libertad. Nadie puede procurarse la libertad hasta no darse cuenta de que está aprisionado. Y llegado este momento... hace falta coraje.

Años de lucha silenciosa juegan a favor de nuestro

enemigo. Pero nuestra humanidad es tan poderosa, que el sólo hecho de tomar conciencia puede liberarnos de años de oscurantismo.

Sólo el "darte cuenta" de que estás en una secta te permite escaparte de ella. La asociación la dejo en tus manos. La secta puede ser externa o interna. Sino, fíjate esto:

"Claro que existe el lavado de cerebro", responde el doctor Juan E. Azcoaga, neurólogo especializado en neurolingüística y trastornos del aprendizaje. "El lavado de cerebro existe y se puede conseguir de distintas maneras: mediante alcaloides, mediante hipnosis o técnicas más sutiles de adoctrinamiento. En todos los casos, se produce una separación de la actividad nerviosa superior y una reorganización de la circulación de la información en el cerebro".

http://www.genaltruista.com/notas/00000139.htm

"El "lavado de cerebro" que se practica en las sectas tiene puntos de contacto con los lavados de cerebro mediante alcaloides o hipnosis, pero sus efectos son más permanentes". Un sujeto tiene un lenguaje interno -explica Azcoaga-. Ese lenguaje interno es información que circula por las neuronas en forma de ondas eléctricas y está estructurado de una manera propia de cada persona. Estas ondas que transportan el lenguaje interno circulan por todo el cerebro durante todo el tiempo, de día y de noche, no paran nunca. Y lo que logran estos trabajos que se atribuyen a las sectas es sustituir ese lenguaje interno por el lenguaje del operador. El sujeto sufre una reorganización de lo que llamamos sistema conceptual; reemplaza su sistema conceptual propio por todo el sistema de conceptualización que se le está inculcando desde afuera y termina interpretando todo en función de ese nuevo lenguaje; estructura una nueva organización de los significados que tendrá tanta armonía y equilibrio como la organización original. Y aunque no se puede ver en el electroencefalograma, porque sólo da una representación indirecta, la información, los trenes de ondas que recorren el cerebro, lo hacen por trayectorias distintas".

La pregunta entonces es si este tipo de modificaciones se pueden alcanzar de manera sistemática. Si puede haber intencionalidad para inducir cambios de este tipo.

"Sí que la hay -dice Azcoaga-. No por casualidad utilizan recintos especiales, una liturgia especial, y sobre todo, el aislamiento. Basta tener a una persona en aislamiento y adoctrinarla adecuadamente y va a llegar un momento en que esa persona ya no va a tener ninguna posibilidad de reaccionar o defenderse".

"Porque ocurre -agrega- que hay un límite para la actividad nerviosa superior. Es lo que nos pasa cuando estamos trabajando: llegado un cierto momento nos sentimos fatigados, paramos y seguimos al día siguiente. Cuando la actividad nerviosa superior alcanza ese límite, se pierde de a poco la posibilidad crítica. Por eso no hace falta en absoluto apelar al castigo: basta con trabajar sobre ese límite, utilizando una presión suficientemente grande y que cuatro veces por día vengan a hablar con el sujeto, hasta llegar al límite de la actividad nerviosa superior, cuando el sujeto ya no tiene defensa crítica. Y si se pudiera ver la circulación de la información en el cerebro, se notaría que esta circulación es diferente a la que tenía antes, y que guarda semejanzas con los estados hipnoides. La cura de casos así demora meses".

EN TODA LA HISTORIA DE LA HUMANIDAD, NADIE HA SUFRIDO UN LAVADO DE CEREBRO Y SE HA DADO CUENTA, O HA CREÍDO, QUE LO ESTABA SUFRIENDO.

Quienes han pasado por ello por regla general defienden apasionadamente a sus manipuladores, asegurando que solamente les han "enseñado la luz" o han sido transformados de alguna manera milagrosa. Cara, muy cara.

Ok. Estoy de acuerdo. Es un caso extremo. Pero... ¿Cómo podés darte cuenta de cuando estás en una secta o cuando sólo se trata de un inocente grupo de apoyo espiritual? ¿Inocente? ¿Qué tan inocente?

6.23. Sólo la verdad nos hará libres

Dios le dijo a Abraham: *"Vete para ti de tu tierra, de tu patria y de la casa de tu padre, a la tierra que te mostraré"*. Génesis Cap. 12 vers. 1.

Decimos que el éxito verdadero, duradero y pleno es: "lograr aquello por lo que hemos venido a este mundo". Pero para esto se requiere la voluntad de lograrlo, único elemento que nadie, nadie, nadie nos puede dar.

Le dice Dios a Abraham: *"vete para ti"*. Lo cual quiere decir que no tenés que hacer esto para agradarme, ni siquiera lo tenés que hacer para cumplir con la ley. Tenés que hacerlo por vos y para vos. Porque esto es lo mejor para vos y nada más que por eso.

Aunque puedas decidir no hacerlo. Tendrás mil EXCUSAS Y JUSTIFICACIONES, tendrás cómplices, amigos, compañeros, que recorrerán con vos el camino de "lo conocido". Pero, ¿sabés qué? El camino de "lo conocido" no te conduce al éxito.

Para lograr aquello por lo que estas aquí debes estar LIBRE. Libre de pensamiento, palabra y obra. Libre de "tu tierra", "tu patria", y "la casa de tu padre". Libre de todo lo conocido. Libre y abierto a ver la tierra que Él te mostrará.

Porque sólo si sos libre puedes hacer una Gran Nación.

Sólo serás próspero y los frutos de tus pensamientos, palabras y obras se reproducirán haciendo una gran nación, el día que puedas irte (liberarte) de ti mismo.

6.24. ¿Estamos en guerra?

¿Estamos en guerra? Es cierto que existe una lucha dentro de nosotros. La lucha del día sexto: somos animales o somos humanos. Pero no se trata de una guerra verdadera.

¿Qué pasaría si no hubiera resistencia? No habría esfuerzo.

¿Qué pasaría si no hubiera esfuerzo? No podríamos disfrutar de los resultados de nuestros logros.

Hay estadísticas que dicen que la mayoría de las empresas familiares fracasan en la tercera generación. Veamos el siguiente caso. Un hombre humilde comienza a trabajar y construye un imperio con su trabajo. Empieza trabajando en una organización, dedica 12 horas de su vida todos los días y con un gran deseo en su corazón descubre una nueva forma de realizar la tarea. Con la fuerza de su deseo y con mucho esfuerzo crea su propia empresa, trabaja intensamente hasta lograr crear una compañía multinacional abundante y próspera. En el transcurso de toda esta actividad se ha desarrollado su vida, esposa, hijos y así.

Cuando su hijo mayor tiene 30 años lo coloca al frente de toda la organización que él mismo creó. Si bien su hijo no ha desarrollado todo el esfuerzo y es posible que no se sienta dueño del logro, es probable que haya presenciado el esfuerzo de su padre e intentará ejecutar su tarea de la forma más profesional que pueda, tal vez no porque sea su ambición, sino porque es el deseo de su padre. Nunca se sentirá el verdadero dueño del deseo ni del logro.

Cuando el hijo del hijo tiene 30 años, su padre decide dejarlo al frente de toda la organización. Este joven bien preparado intelectualmente no ha presenciado el deseo y el esfuerzo de su abuelo para crear esta empresa y su padre sólo, tal vez, le ha podido mostrar una buena forma de administrar un logro de otro.

¿Cuál es el resultado?

No podemos defender lo que no hemos construido con nuestro esfuerzo.

Lo cierto es que no hay tal guerra. Es sólo parte del procedimiento del juego que es vivir. Y si bien creemos que el enemigo debe ser destruido, la verdad es que el enemigo debe ser integrado. Es nuestra sombra. Es la parte de nosotros mismos que nos hace de resistencia para poder tener la sensación de que cada cosa que alcanzamos, la logramos con nuestro propio esfuerzo. De otra manera nuestro logro no tendría valor y si no tiene valor el juego de vivir no tiene sentido.

Son nuestros logros los que nos mantienen motivados para seguir viviendo.

"Sean fecundos y multiplíquense". Nos dijo.

¿Hay campo de batalla entonces? No, sólo es un campo de experimentación en el cual a través de prueba y error nos hacemos responsables de nuestros propios logros.

Llegará el momento en el cual sólo el hecho de disfrutar el poder participar del juego nos producirá la motivación para seguir haciéndolo.

Pero no llegamos a este nivel de conciencia. No por ahora. No ya.

Pedir

7. Quinto paso: Pedir

Si no pido nada, no recibo nada.
Pero tampoco voy a recibir lo que quiero si mi pedido es confuso o equivocado.
Y si pido *"mínimamente lo que necesito"*... sólo eso voy a recibir: mínimamente lo que necesito. Ni siquiera lo que deseo.
¿Por qué me enojo entonces con lo que recibo?

Dicen que *"la culpa no es del chancho sino del que le da de comer"*. Y es cierto. Muchas veces nos enojamos con la vida por lo que nos da sin darnos cuenta de que nos da, nada más ni nada menos, que lo que le pedimos. Así funciona la ley.

Por eso, para asegurarse el éxito, es requisito indispensable tomar conciencia de qué es lo que estamos pidiendo. Ya nos concentramos en pensamiento, palabra y obra, base de nuestros pedidos, pero es necesario ir un poco más allá y empezar a investigar qué pedimos: consciente o inconscientemente, en silencio o en voz alta, con pensamiento, palabra u obra.

Lo que pedimos tiene que estar en estricta relación con lo que queremos. Muchas veces pedimos lo que otros quieren para nosotros y no lo que nosotros queremos de verdad. Sólo conseguimos lo que pedimos. La mente no discrimina si lo que pedimos es nuestro deseo "de verdad", o es el deseo de otro. Tampoco se da cuenta de si estamos haciendo una broma o si lo pedimos "en serio".

El Universo nos da lo que le pedimos. O algo mucho mejor que eso si cumplimos bien los requisitos.

Hay que prestar especial atención a la conciencia desde la cual pedimos porque muchas veces nos auto limitamos dado que pensamos que "eso" es "lo máximo" que puedo pedir. Pero ¡ojo!, porque tal vez no es lo máximo a lo que puedo aspirar.

Pidamos lo máximo, lo mejor, lo más alto que podemos lograr y todo lo demás nos será dado por cumplimiento de la ley.

A veces también pedimos desde la conciencia: *"esto no va a funcionar"*. Si pensás que esto no va a funcionar, así sea. Tus deseos son órdenes que el Universo ansía cumplir.

A veces pensamos *"cómo voy a conseguir esto que estoy pidiendo"*. Si pensás que no podés conseguirlo, no podés conseguirlo. ¿Qué esperabas?

A veces surge: *"pero, ¿de dónde va a salir?"*. ¿Creés que el Universo es tan limitado como tu mente? Lamento desilusionarte. No lo es. Para el Universo todo es posible. Aún aquellas cosas que no nos alcanza la mente humana para concebir.

Otras veces la pregunta es: *"¿por qué habría de recibirlo yo, habiendo tanta otra gente que lo necesita más?"*... ¿Por qué no? La duda te aleja de tu logro. Estás haciendo todo lo correcto: sabés qué querés, sabés pedirlo, tenés el deseo, la certeza, la voluntad y sabés que eso mismo que recibís podés compartirlo con toda la humanidad porque lo mismo que pedís para vos, pedís para toda la humanidad. Con esta fórmula... tenés el éxito en la palma de tus manos.

Hay básicamente, seis niveles de pedidos. A medida que vayamos trabajando con este sistema vamos a ir subiendo de nivel.

El nivel uno es el de los pedidos inconscientes. Pedimos sin darnos cuenta de lo que pedimos. Y así es nuestra vida.

El nivel dos es el pedido por la negativa. No quiero sufrir. Y sufro como un marrano.

El nivel tres es el primer paso de los pedidos por lo positivo. Pero son pedidos confusos, contradictorios y pobres. Así sea.

El nivel cuatro empieza a profundizar en los pedidos positivos dando más claridad a la intención. Pero siguen siendo pedidos escasos. Quiero una pequeña casita.

El nivel cinco está formado por los pedidos grandes que tardan un tiempo en llegar porque todavía no nos sabemos tan poderosos.

El nivel sexto, es el de los pedidos perfectos.

Donde está tu conciencia está tu pedido. El nivel del pedido es acorde al nivel de conciencia.

¿No lo creés? ¡Así sea!

7.1. ¿Qué puedo pedir?

Podés pedir lo que quieras siempre y cuando: esté en armonía para todo el mundo, no afecte la voluntad de otras personas ni dependa de ella, digas el qué y no el cómo, y puedas sostener tu pedido en el tiempo.

"Necesito descansar"... Este pedido usualmente viene desde lo más profundo de nuestro ser. Agobiados de

tanto trabajo, sin darnos cuenta pedimos descansaaaaaar. Y caemos enfermos.

"Quiero trabajar"... Este es un pedido de trabajo. No esperes con este pedido conseguir algo más que: "trabajo". Si lo que querés, además es una buena remuneración, ¡ojo!, porque ese es otro tipo de pedido.

"Qué bien me vendrían unas vacaciones...". No, no quisiste decir un despido, ¿no? Bueno, concentrate muy bien en lo que estás pidiendo y en las acciones que movés para hacer que tu pedido se convierta en realidad.

Seamos cuidadosos. El universo tiene una ironía muy particular cuando se trata de cumplir nuestros deseos.

Si mi pedido es mínimo voy a recibir algo mínimo. Si mi pedido es limitado, sólo voy a recibir limitación. Si mi pedido es confuso, no voy a recibir nada, o lo que es peor, voy a recibir algo de esa confusión desde la cual estoy pidiendo. Si mi pedido es equivocado... voy a recibir lo que estoy pidiendo y no lo que me gustaría pedir.

Si hoy pido una cosa y mañana pido todo lo contrario, mi pedido es confuso. Si hoy pido esto y mañana lo otro, mi pedido no es permanente en el tiempo. Si pido libertad... ¿qué estoy pidiendo exactamente? Si pido dinero... ¿para qué lo pido? Muchas veces las cosas que pido son valores para poder adquirir otras cosas. Llamemos a las cosas por su nombre. Si quiero un auto, pido un auto, no un millón de dólares para poder comprarme el auto y otras cositas más que también quería y no me animaba a pedir.

No debemos limitar nuestro pedido concentrándonos en las formas en las cuales creemos que nuestro pedido va a ser concedido. **Esto no está en nuestras manos.** Pidiendo bien, con certeza y sin expectativas, nos aseguramos obtener lo mejor. Los medios por los cuales lo obtendremos no son nuestro tema. Nadie más preparado que el Universo para organizar aquello que llamamos la realidad en bien de todos los involucrados. Cada uno de nosotros sólo ve una parte de la totalidad entonces es de vital importancia incluir en el pedido "en armonía para todo el mundo". Porque si hay alguien a quien lastima, ojalá no lo consiga.

7.2. ¿Cómo pedir?

Formalmente, en voz alta, con certeza, compromiso y responsabilidad.
Con una descripción detallada.
En tiempo afirmativo y presente. "Yo pido..." Así sea.

Luego de saber qué pedir, ineludible paso previo, debo saber cómo hacerlo. Es tan importante saber qué pedir como saber cómo hacerlo, dado que estos dos elementos le dan el contenido y la forma al pedido, requisitos indispensables para recibir lo que pido.

Sin embargo, si conocés el secreto, ya te habrás dado cuenta de que pedimos constantemente con nuestros pensamientos, con nuestras palabras apoyadas en nuestros pensamientos y con nuestras obras reflejo de nuestros pensamientos. Este es nuestro pedir automático. Pero ahora queremos pedir deliberadamente. Queremos pedir lo que queremos pedir, valga la redundancia. Y lo queremos pedir con toda la fuerza de nuestra conciencia.

Para eso nos liberamos de las limitaciones y evaluamos qué queremos.

Pidamos con conciencia entonces.

De todas maneras tenemos que recordar que este método sólo nos es de utilidad para fijar nuestra atención consciente en el pedido. Inevitablemente seguiremos pidiendo con pensamiento, palabra y obra.

Podés comprarte un cuaderno que usarás para los pedidos. Lo vas a tratar con mucho respeto y cuidado, lo vas a forrar de un color que te guste, y lo vas a guardar en un lugar seguro, donde nadie lo pueda encontrar. Es tu cuaderno secreto, personal y confidencial, con el cual te vas a comunicar con el universo en términos de éxito (no te rías, no es broma). Es tu CUADERNO DE COMUNICACIONES. Por ahora tal vez no le encuentres la finalidad clara, pero que esto no te aleje de la verdad.

Tres son los pasos necesarios para un buen "pedir", como en todo: pensamiento, palabra y obra.

Paso 1. **Pensamiento**: Pedir en pensamiento es organizar mentalmente lo que quiero pedir. Incluyendo los 5 sentidos y a través del proceso conocido como visualización creativa, vamos creando nuestra realidad. Si no puedo ver lo que pido, tampoco lo puedo obtener. Ayuda y complementa imaginar aromas, gustos, sonidos, tactos relacionados con lo que estoy pidiendo. Esto le da otra fortaleza a la visión. Si lo puedo sentir con mis sentidos, lo puedo describir detalladamente en un papel. Ok. A escribir entonces. "Yo pido...". Ahora cuando usamos la lista que fuimos armando desde el principio diciendo:

¿Qué querés? Visualizalo consciente y deliberadamente y abrite a recibirlo.

Este es un buen momento para ver otra vez la película "el secreto".

Paso 2. **Palabra**: Pedir en palabra es el poder del decreto. "Haya luz" y hubo luz. Como sabemos debe ser consistente con el pensamiento. Nuestra palabra debe entonces verbalizar el pedido que ya hemos descripto en el punto anterior, el cual proviene de nuestros pensamientos dominados. "Yo pido…"

Paso 3. **Obra:** La acción es lo que trae la concreción al mundo material. Luego de hacer el pedido en forma escrita y en forma verbal, debo buscar una acción relacionada que ponga en movimiento mi compromiso con la obtención de lo que estoy pidiendo. Por más pequeña que sea, constituye el mecanismo a través del cual los sueños se convierten en realidad. Debe ser una acción en total concordancia con pensamiento y palabra.

Es bueno llevar un registro de mis pedidos dejando espacio para anotar la fecha de cumplimiento, la cual si el pedido ha sido bien hecho, será cumplido y obtendremos lo que pedimos o algo mucho mejor.

Hay un ejemplo en la película que me conmueve porque es un exacto reflejo del funcionamiento de la ley. Es el caso de John Assaraf:

Conocía la ley de la atracción y quería ponerla en práctica para ver qué sucedía. En 1995, empecé a crear algo que denominé el Tablón de la Visión, donde tomaba algo que quería conseguir o que quería atraer, como un coche, un reloj o el alma gemela de mis sueños, y ponía una foto en el tablón. Cada día me sentaba en mi despacho, miraba la foto y empezaba a visualizar. Entraba en un estado de haberlo conseguido. Me disponía a mudarme. Pusimos todos los muebles y las cajas en un guardamuebles y nos mudamos tres veces en cinco años. Al final terminé en California y compré esta casa, hice obras durante un año y trajimos todas las cosas que teníamos guardadas hacía cinco años. Una mañana mi hijo Keenan vino a mi despacho y vio una de las cajas cerradas durante cinco años en el umbral de la puerta.

"¿Qué hay en estas cajas, papá?", me preguntó. "Son mis Tablones de la Visión", le respondí. "¿Qué es un Tablón de la Visión?", preguntó a continuación. "Bueno, es donde pongo todas mis metas. Las recorto y las pongo como objetivos que quiero conseguir en mi vida", le dije. Por supuesto con cinco años y medio no lo entendió, así que le dije: "Mirá, cariño, te lo voy a enseñar, ésa será la forma más sencilla de que lo entiendas".

Abrí la caja y uno de los tablones contenía la casa que había visualizado hacía cinco años. Lo más sorprendente es que era la casa en la que estábamos viviendo. No una casa parecida, en realidad compré la casa de mis sueños, la renové y ni siquiera me había dado cuenta. Miré esa casa y empecé a llorar, porque me quedé alucinado. "¿Por qué lloras, papá?", me preguntó. "Por fin entiendo cómo actúa la ley de la atracción. Por fin entiendo el poder de la visualización. Por fin entiendo todo lo que he estado leyendo, todo aquello en lo que he estado trabajando toda mi vida, el modo en que he creado empresas. También ha funcionado con mi casa y he comprado la casa de mis sueños y no me había enterado".

"El secreto". Rhonda Byrne.

7.3. ¿Cuándo pedir?

Cualquier momento es bueno para pedir. Muchas de las horas de nuestro día las pasamos haciendo pedidos. Lo importante es darnos cuenta qué pedidos hacemos y reemplazarlos por pedidos conscientes y concordantes con nuestros deseos.

Es un buen momento para pedir aquello por lo cual soy cuando estoy consciente de que he dominado mis pensamientos, mis palabras y mis acciones. Cuando sé qué quiero y este querer es mi deseo profundo. Cuando estoy listo para hacer mi pedido con certeza, con-ciencia, compromiso y responsabilidad.

Cualquier momento diferente de este, no es un buen momento para pedir. Aunque sí es un buen momento para tomar conciencia de qué estoy pidiendo, de todas maneras.

7.4. ¿A quién pedir?

A los Reyes Magos. Al Gran Arquitecto. A la Luz. Al Universo. A la ciencia. A Dios. A la parte elevada de uno mismo. Al espíritu. A la conciencia colectiva. Al Ain.

A quien creas que es la unidad de lo manifiesto y lo inmanifiesto. La verdad no necesita que creamos en ella para ser verdad.

El poder acceder a este nivel de unidad absoluta ya garantiza el acceso al éxito que estás pidiendo.

No es que debamos ponernos "acá abajo" pidiendo a alguien o algo que está "allá arriba" que nos conceda algo que no estamos preparados para conseguir por nosotros mismos. Esto garantiza el fracaso del pedido. Con ese nivel de conciencia "pobre de mí, necesito que me concedas", no vamos a llegar muy lejos.

Tampoco es que podamos ponernos "allá arriba" como únicos creadores de la realidad. Esta es la conciencia "ego, principio y fin del universo personal". Hay algo más arriba de nosotros o adentro de nosotros, o materia de la cual fuimos formados.

El éxito del pedido está sustentado en el hecho de "que fuimos creados a imagen y semejanza" y como tales, somos co-creadores del universo entero. Siempre y cuando tengamos certeza en ello y estemos listos para elevarnos por encima de todo lo que "creemos, pensamos, sentimos, decimos" que somos. Siempre y cuando podamos dar el salto que nos permita alcanzar el allá arriba en el cual somos uno con la unidad y co-creadores del universo entero.

7.5. Certeza y expectativas

Las expectativas que pongo en alcanzar el deseo son las dudas que estoy depositando en mi pedido, dudas que florecerán en fracasos y profecías autocumplidas.
Sólo podemos recibir lo que podemos "soltar".
Sólo podemos recibir lo que podemos "dar".
Siempre y cuando no pidamos desde un lugar de carencia.

Llegamos al punto en que hicimos el pedido. Todo nos salió perfecto. Estamos seguros. Pero el tiempo va pasando y no vamos consiguiendo lo que hemos pedido. Nos ponemos ansiosos, nos angustiamos, se manifiestan las dudas y tiramos a la basura todo el trabajo realizado. "Menos mal que hasta ahora no invertimos un peso", pensamos. ¡Peor!, porque este pensamiento reafirma la idea de que hay que pagar para conseguir lo que queremos. Tenemos tan internalizado el concepto de dinero que creemos que sólo pagando conseguiremos lo que buscamos. Cuando la naturaleza es superabundante y nos da, en su inmensidad, un montón de regalos que no valoramos.

La ansiedad, la duda, sólo le quitan fuerza al deseo y siembran de falta de certeza el éxito de nuestro pedido. Hay que empezar todo de nuevo. Buscar los pensamientos asociados, las palabras, las acciones. Etc. Etc. Etc.
Las expectativas le quitan certeza a nuestro pedido. Sin certeza no hay conocimiento y sin conocimiento no hay realidad.
Nunca se encuentra lo que se espera encontrar. *"La vida es como una caja de chocolates... nunca sabés lo que te va a tocar"*, decía Forrest Gump.

Hay una investigación interesante de un científico llamado Rupert Sheldrake que se refiere a los campos morfogenéticos y dice que todos nuestros pensamientos y acciones quedan registradas en estos campos etéricos a los cuales todos podemos acceder. El inconsciente colectivo de Jung, tal vez. Y dice que si alguien alguna vez pudo hacerlo, abrió la posibilidad a que cualquier otro, independientemente de su capacidad, inteligencia, conocimiento, etc., también pueda hacerlo.

Y como ya sabemos... "no hay nada nuevo bajo el sol".
Todo ya fue hecho por alguien alguna vez. Y si no, alguien lo hará. Podrías ser vos.

7.6. Requisitos antes de pedir

"Si siempre hacemos lo que hemos hecho, siempre obtendremos lo que hemos obtenido". Así decía Einstein.

Mis deseos son órdenes que el universo ansía cumplir, me dijo Paulo Coelho en El Alquimista. Lo maravilloso es que los tuyos también lo son.

Libero pensamiento, palabra y obra.

Tomo conciencia, compromiso y responsabilidad.

Elimino las expectativas.

Sin miedo y con certeza.

Me doy cuenta de que lo que pido es armónico para todo el mundo, no depende de la voluntad de terceras personas y no involucra a nadie más que a mí mismo.

Hago mi pedido una sola vez. No se necesita más. El refuerzo es duda.

Empiezo por el principio y hago los pedidos de a uno.

Si quiero algo pido algo, no otra cosa que me va a permitir alcanzar ese algo.

Libero los canales a través de los cuales "creo" que lo voy a conseguir. Me concentro en qué pedir y no en cómo voy a recibirlo.

Me esfuerzo en descubrir si estoy pidiendo desde "el pobre de mí" y elimino esa conciencia porque me aleja del pedido.

Evalúo si estoy pidiendo desde el lugar "me lo merezco", porque tal vez este pensamiento le quite fuerza a la acción que necesito para materializar mi deseo.

No espero las condiciones "perfectas" para hacer el pedido.

Me doy cuenta de que el pedido es un deseo del alma no un capricho temporario y circunstancial.

Sé que mi pedido es permanente y no variable o dependiente de otros factores.

Sé que el objeto pedido no me va a convertir en algo que hoy no soy, ni me va a hacer mejor, o más apto, o más... "Lo que sea".

No estoy pidiendo para demostrar mi poder ni para

mostrarme que el procedimiento está funcionando. Esto es un desperdicio de tiempo.

Pongo atención al estado de conciencia desde el cual estoy pidiendo. Más atención. Si es desde el "tengo poder", estoy garantizando el fracaso.

Me dispongo a realizar una acción que ponga en movimiento la materialización de mi pedido.

Mantengo el silencio siempre, siempre, siempre. Comentar le quita fuerza.

Hay personas que están demasiado asustadas como para permitirse cumplir con sus deseos. Repetí conmigo: "Puedo permitírmelo TODO". Sí, podés.

7.7. Ejercicio práctico 12

Todas las tareas que hiciste te trajeron hasta aquí.
Este procedimiento resume el resultado de tus trabajos.
Tendrá tanto poder como empeño hayas puesto.
Si no estás seguro de la tarea que realizaste, empezá de nuevo.

Sólo vas a recibir lo que estás preparado para pedir y para permitirte recibir, en la misma medida y proporción o recibirás algo mejor.

Ya tenés un cuaderno de comunicaciones, ¿no? Como ya sabés es importante que esté alejado de la visión y revisión de terceras personas. Hacés el pedido con una fórmula que se te ocurra, como por ejemplo la que usa Conny Méndez en sus libros "Metafísica al alcance de todos".

YO PIDO.

.................(En este momento se realiza el pedido, es la parte más importante).

EN ARMONÍA PARA TODO EL MUNDO.

DE ACUERDO CON LA VOLUNTAD DIVINA (que es también mi voluntad).

BAJO LA GRACIA Y DE MANERA PERFECTA...

ASÍ SEA.

Y comenzás a anotar lo que pedís, teniendo en cuenta todo lo que vimos hasta acá respecto de qué pedir, qué quiero, etc. Acordate de aclarar la fecha para la cual lo estás pidiendo; cuantos más detalles describas en tu pedido (olores, sabores, colores, formas, sonidos, texturas, etc.), más rapidez en la materialización.

¿Por qué usamos esta fórmula? Hay una razón específica para cada uno de los puntos que usamos en la forma de pedir. Está pensada para resolver muchas de las ideas que hemos expuesto.

Recordá que es sólo una estrategia de autosugestión. Pedimos siempre con pensamiento, palabra y obra.

Cuando decimos YO PIDO, estamos asegurándonos de que es nuestra voluntad sin intermediar los deseos de una tercera persona. Estamos diciendo también que tenemos derecho de hacer el pedido, que estamos en condiciones de pedir y que sabemos que hay alguien más elevado que está escuchando nuestro pedido presto para cumplir nuestros deseos. No tiene por qué ser alguien ajeno a nuestro SER más elevado. De hecho, no lo es.

Al decir EN ARMONÍA PARA TODO EL MUNDO estamos, deliberadamente, dejando afuera de nuestro pedido todas aquellas cosas que puedan beneficiarnos a nosotros y perjudicar a otro. Nuestro pedido garantiza la abundancia de virtudes para todo el mundo y cierra la posibilidad de que nos hayamos olvidado de algo o de que podamos estar alterando el libre albedrío de otras personas.

Al decir DE ACUERDO CON LA VOLUNTAD DIVINA nos aseguramos de que sólo lo perfecto será lo que obtendremos. Y si nuestro pedido es menos que perfecto, antes, recibiremos algo mejor porque esa es la voluntad divina. Esta sentencia en la fórmula nos garantiza recibir sólo lo perfecto.

Decimos BAJO LA GRACIA Y DE MANERA PERFECTA para asegurar que lo obtendremos por los caminos más perfectos que se puedan crear. No estamos dispuestos a obtener algo en desmedro de alguna otra cosa, rompiendo con la abundancia perfecta o permitiendo que algún error se produzca. Sólo aceptaremos lo mejor porque en lo mejor se sustenta nuestro pedido. No vamos a negociar con algo menos que perfecto y menos que obtenido en condición de gracia. Sin obstáculos, sin inconvenientes, sin tropiezos y sin daños. En la perfección que otorga la gracia.

Al decir que ASÍ SEA estamos aceptando que se materialice. Aprobamos todo lo dicho con anterioridad y le damos el poder del verbo a su materialización.

Podés armar tu propia fórmula. La que se te antoje.

7.8. El poder de la afirmación

Sí, ya sé. Ahora que te dicen que podés conseguir lo que quieras no sabes qué pedir. Por eso este fue el primer punto que tratamos de trabajar: ¿qué quiero? Bueno, ¿qué querés?

Sin embargo, cada pedido constituye una afirmación y debe ser adecuadamente definido dado que las afirmaciones son pedidos y decretos que enviás al Universo sobre lo que sos, querés, tenés, podés, debés, etc. El universo es muy obediente y te devuelve la imagen exacta de lo que estás afirmando, como si fuera un espejo, o una fotocopiadora.

Si tu afirmación dice: "quiero perder peso"… así sea. Estarás luchando para perder peso el resto de tu vida. Pero si dice: "el día 21 de enero de 2010 a las 17.00 hs disfruto de mi nueva ropa pesando 61 kilos". Así sea. Te cuento que a mí el que me funciona es "yo sigo conservando la figura que deseo sin tener que esforzarme en controlar lo que consumo", sostenido por pensamiento, palabra y obra. Es decir, si un día me di un atracón al día siguiente me cuido. Si no lo hago, mi hígado me obliga a hacerlo de todas maneras. Pide y recibirás.

Esto indica que hay algunos requisitos a cumplir cuando se trata de afirmaciones.

- Deben comenzar con la frase "yo soy" o "yo estoy" para asumir la responsabilidad y el compromiso con tu afirmación
- Deben expresarse en presente incluyendo un verbo que dé continuidad a la acción (me estoy expresando en lugar de me expreso)
- Afirmadas en positivo. Lo que se quiere y no lo que no se quiere
- Lo bueno, si breve, dos veces bueno
- Suficientemente específicas para no dar lugar a dudas
- Incluyendo al menos una palabra de sensación o emoción para afirmar su poder
- Que sólo te impliquen a vos
- Y si no es esto... algo mejor

Agradecer

8. Sexto paso: Agradecer

Cualquiera que comprende el PRINCIPIO, obtiene el PODER.

8.1. La verdad de la milanesa...

Hasta acá sabemos que los pensamientos crean la realidad. Si los pensamientos son de carencia, la realidad es de carencia. Si pido algo es porque no lo tengo. Si lo pido estoy acentuando mi creencia en la carencia. ¿Cómo puede ser el quinto paso para el éxito pedir? ¿Hay un error en el sistema?

La palabra correcta que remite al pensamiento correcto que crea la realidad deseada es la palabra AGRADECER.

Si nos quedamos en el pedido, nos quedamos en la carencia y esto es lo que creamos en la realidad. Sin embargo, es inevitable pasar por la conciencia del pedido para llegar a la conciencia de la materialización, como es indispensable subir el cuarto escalón para llegar al quinto en nuestro camino hacia la cima.

El agradecimiento conecta con el verdadero poder.

No es el pedido, no es el maestro, no es el profeta, no es alguien ajeno que tiene derecho y poder para crear nuestra propia realidad. Confiar en algo externo es crear conciencia de limitación y carencia del poder de creación que tenemos.

Incluyo el quinto paso porque es necesario descubrir qué queremos antes de poder obtener lo que deseamos.

Sólo nos conecta con lo que de verdad queremos el tener que enfrentarnos a la existencia de algún otro que está esperando que se lo pidamos.

La verdad es que no hay a quién pedir ni hay qué pedir.

Sólo basta con agradecer lo que ya tengo. Y si tengo certeza, ya lo tengo, aún cuando falte tiempo para unir causa (agradecimiento) con efecto (materialización).

"Un agradecimiento vale más que mil palabras", dicen las frases populares.

Vos sos el conductor/a de tu vida. El único/a conductor/a. Vos sos el creador/a.

El gran secreto es que no hay nada que debas descubrir sobre vos mismo/a. Porque la verdad de la milanesa... es que constantemente te estás creando a vos mismo/a con tus pensamientos, palabras y obras. Decidí qué querés ser... y create. Create tal como quieras ser: con tus pensamientos, con tus palabras y con tus obras.

Pero eso sí, primero eliminá hasta el último pensamiento de limitación que quede en tu mente, hasta el implante más recóndito, hasta la programación más escondida. Pero eliminalo con conciencia y con voluntad. Con el deseo de realizar tu máximo potencial. Ahora y para siempre. Te lo debés como "ser humano" que sos.

Pero no me creas. Empezá cada mañana haciendo la lista de cosas que tenés para agradecer en tu vida. Sólo concentrate en todo aquello que sientas que podés agradecer y agradecelo.

¿Cambia tu día?

8.2. El poder del agradecimiento

¿Hay certeza más grande que la de agradecer algo que todavía no hemos recibido?
Habitualmente si no lo hemos recibido no lo agradecemos. ¿Por qué? Porque no vemos lo que no tenemos delante de nuestras narices. Y si no lo vemos no lo creemos.

No agradecemos porque está bien hacerlo.
No agradecemos porque alguien haya hecho algo que esperábamos.
Agradecemos porque necesitamos ampliar nuestra conciencia.

Usualmente damos las gracias luego de recibir algo. Y agradecemos porque reconocemos que hemos recibido un beneficio junto con ese algo, sino no agradecemos. Damos gracias también por costumbre, por amabilidad, por educación. No importa, igualmente al decir "gracias" estamos ejercitando el poder del verbo y estamos diciendo todo lo que implica decir gracias, consciente o inconscientemente.

Sin embargo, a los efectos de lograr el éxito de nuestro proceso, las gracias deben ser dichas con la conciencia de certeza que ya tenemos lo que estamos agradeciendo y con verdadero agradecimiento en el corazón.

Difícil, ¿no?

¿Por qué deberíamos agradecer como resultado final de este proceso si recién acabamos de pedir y todavía no recibimos nada?

Justamente por eso. Porque agradeciendo estamos diciendo todo lo que denotamos cuando decimos simplemente "gracias", vale decir:

- Hemos recibido algo
- Ese algo nos ha beneficiado

Damos por sentado que estamos recibiendo lo que pedimos y damos por sentado que eso que recibimos nos beneficia. Esto asegura que vamos a recibir sólo lo que nos beneficia... que vamos a recibir o que ya hemos recibido. Y este es el gran poder oculto detrás del agradecimiento anticipado: YA HEMOS RECIBIDO. Y si ya hemos recibido no existe pensamiento de carencia y si no existe pensamiento de carencia, la realidad debe manifestar nuestro pensamiento ahora: gracias porque ya hemos recibido.

Y si hicimos bien las cosas, ya hemos recibido porque para el Universo no existe ni tiempo ni espacio. Entonces en algún lugar del espacio-tiempo, ya hemos recibido. Por eso sólo nos queda agradecer el beneficio que esto que hemos recibido ya nos está produciendo.

Por eso no importa nuestra lista de pedidos. Sólo importa que podamos agradecer con conciencia y con sentimiento cada una de las cosas detalladas en la lista de pedidos.

GRACIAS.

Gracias que ya me oíste.
Gracias que ya me diste.
Gracias que ya me beneficia.
Gracias porque tengo la certeza de que ya lo poseo. Es sólo que me falta tiempo para darme cuenta. Y gracias porque sé que soy yo mismo el que me oigo, me doy y me beneficio.

Cuando un pollito está dentro del huevo, tiene allí adentro todo lo que necesita para desarrollarse sano y salvo hasta nacer. Cuando rompe el cascarón, tiene todo lo que necesita para vivir, crecer y multiplicarse, la naturaleza en su infinita abundancia se lo brinda. Al pollito, como al hombre. Es sólo que me falta tiempo para darme cuenta.

8.3. ¿Cómo se materializan los pedidos?

El proceso de materialización es un proceso sencillo. Es tan sencillo que cualquier persona puede hacerlo. Es tan fácil y tan automático que todos vivimos haciéndolo. Es el proceso de traer a la realidad todas y cada una de las cosas que poseemos, todas y cada una de las experiencias que "padecemos" o que "disfrutamos". Es sólo que no somos conscientes de que estamos haciendo este proceso. Al tomar conciencia podemos crear un destino más placentero.

Hemos dicho varias cosas relacionadas con quiénes somos, qué deseamos, qué necesitamos, qué podemos conseguir, qué y cómo pedir, cómo agradecer. Pero lo cierto es que conocemos muy poco del proceso de materialización de deseos. ¡Menos mal! Cuanto más pensamiento pongamos, más pensamiento habrá que borrar. Si entendemos muy poco, mentalmente hablando, del proceso de materialización, muchas más posibilidades de lograrlo hay. Porque la materialización no es sólo un proceso mental, aún cuando comienza siendo uno.

Es como discar el número telefónico deseado y que alguien del otro lado conteste. Y lo maravilloso es que contesta la persona que estábamos intentando encontrar. ¿No es fantástico?

En este manual intentamos conectar con los pasos a seguir y no con las razones por las cuales este proceso funciona. Y para saber si funciona o no, sólo hay que cumplir con los pasos. Pero bueno, ahí van algunas pistas que te pueden ayudar a autosugestionarte para el desarrollo de la materialización. Pero no me creas. Necesito que no creas absolutamente nada de todo lo que estuviste leyendo. Hacé lo que tenés que hacer y sólo creé en los resultados porque son tan únicos como únicas son las personas que los realizan. A cada cual según su certeza.

A mí me tomó muy poco tiempo conseguir algunas cosas y años enteros conseguir otras. ¿Qué te puedo decir? Tres embarazos y una hija, con trompas totalmente obstruidas. Comprar una casa en el 2002 y venderla en el 2008 a tres veces el precio de compra. Bueno, esto fue fácil. También me paso con mi primer departamento. Hacer una carrera de 5 años y medio en 4 años. Viajar por el mundo. Ganar el loto. Encontrar mi alma gemela. Encontrar a los editores perfectos que estaba buscando...

Dijimos que hay un pensamiento, que ese pensamiento que puede ser propio o implantado va realizando una serie de conexiones con otros pensamientos que contribuyen a mejorar, o no, su poder. El hecho de que exista ese pensamiento crea surcos en las redes neuronales para facilitar pensamientos sucesivos de la misma naturaleza. Esos surcos están guiados por un pensamiento rector, el pensamiento madre. Estos pensamientos generan emociones y sentimientos que le dan el poder de continuar con el proceso. El deseo es una de estas emociones, la más poderosa, la que dirige muchos de los desencadenantes de otras emociones y de nuevos pensamientos. Dijimos también que de esos pensamientos y esas emociones nacen nuestras palabras y que cada palabra denota la existencia de estos pensamientos y emociones. Dijimos que todo esto nos impulsa a la acción que termina siendo sólo consecuencia de pensamiento, emoción y palabra internalizada. Y dijimos que todo esto se retroalimenta para crear un circuito del cual somos "esclavos" hasta que no saquemos el piloto automático con el cual vivimos.

Bueno, ponele a todo este proceso una conciencia dirigida con un fin en mente y un objetivo claro y como dijimos desde el principio... el éxito está en tus manos, o en tu ADN, lo que es más fuerte.

8.4. El poder de la visualización

Ciertos experimentos científicos demostraron que si tomamos un sujeto y conectamos su cerebro en una tomografía computada y le pedimos que mire un determinado objeto se observa que ciertas zonas del cerebro se iluminan. Luego se le pidió al sujeto que cerrara los ojos y que imaginara ese mismo objeto. Y cuando imaginó ese mismo objeto causó que las mismas zonas del cerebro se iluminaran como si de hecho estuviera mirándolo visualmente.

Nuestros sentidos están condicionados a percibir sólo lo que esperan percibir. Esto quiere decir que hay un alguien, una mente, un ego, un yo, que tiene determinadas expectativas sobre lo que va a descubrir en su camino de todos los días. Cierto es que no encontramos lo que no estamos preparados para encontrar.

A esto le podemos sumar los umbrales de la percepción, que son barreras físicas que tienen nuestros sentidos que sólo les permiten alcanzar determinados puntos de observación. Tal vez no sea práctico que escuchemos en el nivel de escucha que lo hace un perro. A esto le llamamos "adaptación al medio". En realidad se trata de comodidad e inercia. Pero bueno. Así venimos de fábrica. Aún cuando podemos y debemos ampliar estas capacidades.

Vamos a utilizar el poder de la visualización para prepararnos para alcanzar lo máximo a lo que podamos aspirar. Esta es una parte importantísima del proceso de lograr el éxito porque debemos romper los condicionamientos de nuestra percepción.

¿Qué es visualizar? Es ver con la mente. Experimentos realizados por neurocientíficos aseguran que el cerebro usa las mismas zonas cerebrales para "ver" hechos de la vida real que hechos imaginarios. Esto quiere decir que para el cerebro es lo mismo verse en un auto nuevo en la realidad que verse en un sueño o en una imaginación guiada. La experiencia en el cerebro es la misma.

Por eso si querés un auto tenés que tener la certeza de que podés viajar en él, manejarlo, escuchar música, oler su aroma a nuevo, poner los cambios, tocar el tapizado de cuero color café, etc., etc., etc., tanto en la vida real como en la imaginación vívida, sin que te quede lugar a dudas.

¿Podés imaginarte, visualizarte, percibirte, sentirte, en todo tu esplendor disfrutando de lo que pediste en la lista?

No vas a conseguir tu deseo hasta que no puedas imaginarte disfrutando de él y agradecer mientras lo disfrutas. Ahora. Ya. En este instante.

8.5. Ejercicio práctico 13

Este ejercicio tenés que hacerlo para revisar la lista de pedidos. Hasta acá estamos seguros de que lo que pediste está libre de impedimentos, por eso pudiste incluirlo en la lista de pedidos. ¿No es cierto?

Ok. Si no es así estamos en problemas. Pero bueno, este ejercicio es una buena forma de comprobar el estado de avance del trabajo y podemos rectificar el camino. Todavía estamos a tiempo.

Tomá cada uno de los elementos que pusiste en la lista de pedidos y comenzá a visualizarlos con tu mente. Tiene que ser una visualización completa y total, incluyendo los 5 sentidos: tenés que verte en posesión de lo que pediste, tenés que poder ver, tocar, oler, escuchar, degustar todo lo relacionado con la posesión efectiva de tu deseo.

Es bueno que te armes una carpeta con recortes de las

cosas que querés y la visualices todos los días hasta guardar en tu interior la imagen exacta de lo que querés. La imagen "exacta".

Hacé el ejercicio con cada uno de los ítems de la lista. Si no podés hacer esto con alguno de ellos dejalo fuera de la lista. No es el momento de entretenerte con este pedido porque no está bien trabajado todavía.

Repetí este ejercicio por 7 días seguidos y corroborá en qué estado interior te encontrás respecto de tus deseos. Es importante que lo hagas hasta que te asegures de haber percibido con todos tus sentidos. Es ideal hacerlo antes de irte a dormir porque en ese momento tu mente no está tan alerta y te va a dar permiso de poder entregarte a lo que deseás sin condicionamientos que te limiten.

Después de hacerlo los 7 días seguidos, estás listo para agradecerlos. El Universo te lo va a devolver de acuerdo con la fuerza con la cual lo hayas pedido.

8.6. El poder de la apreciación

Dice el diccionario de la palabra **APRECIAR:**
1. Poner precio o tasa a las cosas vendibles
2. Aumentar el valor o cotización de una moneda en el mercado de divisas
3. Reconocer y estimar el mérito de alguien o de algo
4. Sentir afecto o estima hacia alguien

Es claro que cada que vez que apreciamos a algo o a alguien, estamos dándole valor, es decir valorando su existencia. Es una cuestión similar al agradecer. Cada vez que apreciamos, de alguna manera agradecemos tener lo que estamos valorando. Y si esta apreciación no se confunde con apego, el algo o el alguien que estamos estimando se convierte en una fuente de valoración para nuestras vidas.

Muchas veces dejamos de reconocer el valor de lo que tenemos cuando dejamos de apreciarlo. Damos por sentado que lo tenemos, que está ahí, que disponemos de ello. Esto le quita valor y lo deja a un paso de su desaparición de nuestra vida, dado que si no tiene valor, no lo necesitamos y si no lo necesitamos para qué tenerlo. Si no apreciamos lo que tenemos da lo mismo tenerlo que no tenerlo. Pero si lo apreciamos, al darle valor, implícitamente estamos agradeciendo el hecho de tenerlo. Estamos también asociando directamente tener y apreciar con agradecer. Cada vez que agradecemos estamos apreciando y asegurándonos su existencia, implica reasignarles valor y asegurarnos tenerlas por siempre.

En este sentido al agradecer estamos haciendo exactamente lo mismo: darle valor y asegurarnos su existencia. Por eso es tan importante el agradecimiento como la apreciación. Ambos nos aseguran la conservación de aquello a lo que apreciamos o de aquello a la cual le agradecemos estar en nuestra vida. En ambos casos asumimos que ya estamos en posesión de la cosa objeto de nuestra apreciación o agradecimiento y esto nos acerca cada vez más a esa cosa, la cual de hecho ya poseemos, sino no estaríamos agradeciendo y valorando su existencia, ¿no?

8.7. ¿Cómo agradecer?

Cuanta más emoción pongas en el agradecimiento... ¿más agradecimiento?
La verdad es que no.
Ni siquiera hace falta gritar. Aunque sí es importante verbalizar, por el poder involucrado en la palabra creadora.
Sin embargo, si tu agradecimiento tiene conciencia de agradecimiento y emoción de agradecimiento, sólo basta ponerlo en palabras y tarea cumplida y objetivo logrado.

GRACIAS POR...

Ahora mencionar lo escrito en la lista de pedidos que ha sido visualizado en toda su magnitud y sin limitación y que sabemos que no son pedidos sino agradecimientos.

Lo más importante del agradecimiento es la conciencia desde la cual decimos las "palabras mágicas" de agradecimiento. Podemos decir palabras hermosas, pero si no las entendemos, si las decimos automáticamente o si no logramos un acuerdo previo interior con lo que estamos diciendo... las palabras que decimos no tienen ningún sentido y da lo mismo.

Es muy importante recordar que el resultado final de todo el proceso se encuentra en el agradecimiento. Es el buen agradecer el secreto que nos conducirá hacia el éxito que estamos buscando: materializar nuestros deseos. Y es este saber el que define la conciencia desde la cual podemos lograr el resultado buscado.

Hay cuatro arquetipos en los cuales podemos pararnos para agradecer. Sólo uno de esos puntos producirá un agradecimiento efectivo. Formamos estos arquetipos en nuestra conciencia dependiendo del estado de nuestra competencia. ¿Qué quiero decir con esto? Sencillo, es la conciencia que tenemos respecto de nuestra competencia. Esta competencia se relaciona con estar en posesión de: datos, información, conocimiento, sabiduría. Sólo la experiencia produce sabiduría. Podemos no saber nada, saber que sabemos, saber que no sabemos, o haber experimentado.

Antes de leer estas ideas éramos prácticamente IGNORANTES respecto de nuestra competencia. Es decir, no sabíamos lo que sabíamos y podíamos hacer ni sabíamos lo que no sabíamos ni podíamos hacer. No teníamos conciencia de nuestra competencia.

Hoy estamos un poquito más cerca de ser SABIOS (los que tienen experiencia), dado que habiendo tomado contacto con estos conceptos y habiendo desarrollado ejercicios que nos permiten internalizar los mismos y eliminar las limitaciones, nos hemos convertido en EXPERTO o en APRENDIZ y es ahí donde se encuentra la potencialidad de un sabio.

Es APRENDIZ el que sabe que no sabe y se prepara para saber.

Es EXPERTO el que sabe que sabe y sigue practicando.

Pero es importante mencionar que un aprendiz en los términos que lo mencionamos en este manual, no es aquel que se posiciona en el lugar del "pobre de mí, no sé esto o no sé aquello". Esta no es una conciencia de sabiduría, es una conciencia de miseria. Humildad no es miseria.

Un experto, por su parte, tampoco es aquel que se posiciona en el lugar "yo sé que sé y me lo merezco por haber logrado este conocimiento". Esta es una conciencia de ego que ciertamente nos aleja de la posibilidad de agradecer. Sabiduría no es soberbia.

Pero lograr un agradecimiento con la conciencia correcta no basta si no tenemos claro también por quién necesitamos agradecer. Muchas veces pensamos que agradecemos porque hay otro que necesita que nosotros le agradezcamos. La verdad es que nosotros necesitamos agradecer porque, como vimos, agradecer es apreciar y estos dos elementos son el proceso que nos conectan con la materialización de la realidad.

Somos nosotros los que necesitamos agradecer. No hay otro que necesita recibir el agradecimiento.

8.8. ¿Cuándo agradecer?

Gracias por este arco iris.
Gracias por esta comida.
Gracias por este día.
Pero gracias también por este dolor, porque algo bueno traerá. Este agradecimiento da existencia al dolor y asegura su renovación, pero también asegura lo bueno que traerá porque podemos agradecerlo.

Cualquier oportunidad es buena para agradecer, como cualquier cosa es buena para apreciar.
Cualquier momento es el oportuno para agradecer.

Vale la pena seguir el proceso dado que nos asegura que eliminamos todas la limitaciones y que estamos en la conciencia correcta que sólo nos va a suministrar lo que es mejor y nada menos que eso porque nada menos que eso vamos a agradecer si logramos adquirir la perseverancia necesaria para cumplir con todo el procedimiento más allá de los pensamientos que nos asalten tratando de hacer que abandonemos.

¿Cuándo agradecer? Siempre y a cada momento.

Cuando te levantás, cuando te vas a dormir, cuando ves la sonrisa de los niños, agradecer es dar valor a lo que ves y esto eleva tu conciencia.

No limites el agradecimiento sólo a tus deseos. No intentes manipular al Universo porque detecta las manipulaciones.

El agradecimiento sincero puede ser dicho en todo momento, por toda cosa y delante de cualquiera. Nunca, nunca, nunca te avergüences por agradecer. Y nunca, nunca, nunca dejes de agradecer porque el agradecimiento es la fuente de todos tus logros.

8.9. ¿A quién agradecer?

A los Reyes Magos. Al Gran Arquitecto. A la Luz. Al Universo. A la ciencia. A Dios. A la parte elevada de uno mismo. Al espíritu. A la conciencia colectiva. Al Ain.

A quien creas que es la unidad de lo manifiesto y lo inmanifiesto. La verdad no necesita que creamos en ella para ser verdad, ya lo sabés, ¿no?

Ya lo vimos en "¿a quién pedir?".

Si creés en un algo superior, llamale Luz, Dios, o como te plazca, te va a ser fácil reconocer que es allí a donde debes dirigir tu agradecimiento, aún cuando no hay nada afuera de vos que te conceda lo que vos no podés concederte. Pero esto depende del lugar donde pongas el límite de tu conciencia y cuánto creas que somos co-creadores a imagen y semejanza.

Si no creés en algo superior, puede ayudarte el pensar que todos estamos conectados en una red invisible... esto es ciencia, sino averiguá sobre la teoría de las cuerdas y cómo conectan todos los universos.

Agradecele entonces a la araña que teje la tela.

Y sino agradecete a vos mismo. Pero agradecé, es lo único que importa.

Agradecer es un ejercicio de humildad sin precedentes.

Te ayuda a ver que no sos el último orejón del tarro ni el ombligo del universo, sino un eslabón más de la cadena de acontecimientos que te trajeron a la existencia.

8.10. ¿Por qué agradecer?

Agradecer la infinita abundancia del reino es darle vida eterna a la abundancia del reino.
Agradezco la abundancia del reino.

Cuando nos encontramos en posesión de algo no es de la cosa que poseemos de lo que disfrutamos, sino del valor que nos brinda, de su energía, de su poder. Esto es lo que nos produce satisfacción y es por eso que lo deseamos. Al agradecer estamos reconociendo ese valor, estamos disfrutando de la satisfacción que nos brinda su posesión por adelantado (agradecemos antes de poseer la cosa), y esto genera una fuerza poderosísima que abre las puertas para la obtención de la cosa que estamos agradeciendo disfrutar.

No es posible que recibamos la energía, el valor, el poder y la satisfacción de algo que no poseemos. Y como no es posible, el Universo se encarga de convertirlo en una realidad.

Por eso el agradecer es punto más importante de todo el proceso. Porque sólo recibiremos en la medida en que podamos disfrutar por anticipado el bien que nos brinda el poseer lo que estamos deseando.

Porque agradecer por anticipado es ELIMINAR la conciencia de CARENCIA.

Y como no tenemos conciencia de carencia, no existe carencia. Y como no existe carencia... existe disfrutar de la energía que nos brinda poseer lo que deseamos.

Nada más ni nada menos.

Por eso agradecemos.

8.11. La resistencia y la negación

Si el éxito viene programado en tu ADN, ¿por qué te resistís o te negás a triunfar? ¿Por miedo?
El miedo es una ilusión, como lo es el fracaso.
El éxito es una garantía.
Animate...

Es en este punto del proceso cuando nos enfrentamos a otras dos fuerzas que pueden limitar nuestro éxito. La resistencia y la negación. Ya hemos visto estas energías en distintas partes del proceso pero aparecen ahora disfrazadas y usando otras máscaras.

La duda se disfraza de resistencia y la falta de certeza de negación.

Resistirse es oponerse a la acción de una fuerza. La única fuerza posible es la que impera en la naturaleza humana, programada en los genes, presionando sin prisa pero sin pausa para lograr el éxito que viene programado en nuestro ADN. Sin embargo, nuestro ego se resiste. Crea dudas, justificaciones y excusas para explicar las razones por las cuales esto no es verdad o no es posible. Es sólo la resistencia a mostrar la verdad. Y es sólo la verdad lo que nos hará libres.

¿Anotaste en tu lista de pensamientos limitantes la resistencia?

¿Qué resistencia? La resistencia a triunfar, por supuesto.

La negación es más perversa porque adquiere muchas máscaras y escondites. Pero sólo está queriendo mostrar la falta de certeza. Negamos cuando decimos que esto no es verdad, que todo esto sobre el éxito no existe, que no es como lo estamos diciendo (ya te dije que no lo creas, probalo), lo dejamos de reconocer, no admitimos su existencia, decimos que no (con pensamiento, palabra u obra), lo prohibimos en nuestra mente, lo vedamos, lo impedimos o lo estorbamos en alguna forma, lo disimulamos, lo ocultamos, lo esquivamos, lo desconocemos, no lo confesamos y lo escondemos.

Qué inútil desgaste de energía, ¿no?

Todo esto es negar lo que viene programado en nuestro ADN. Y sólo hacemos eso por falta de certeza. Y como lo negamos, nos negamos el derecho de disfrutar del éxito que vinimos a materializar. Nuestro máximo potencial. Es como el espíritu. Podemos negarlo pero esto no le quita existencia.

Vos... ¿a qué te estás negando?

8.12. Es tu responsabilidad

Mirate en el espejo y recordátelo cada mañana, cada tarde y cada noche.
El éxito es tu responsabilidad.
Te liberaste de los miedos, las excusas y las justificaciones.
Sólo te resta alcanzar el éxito que te está esperando.

Alcanzar tu máximo potencial puede no ser un compromiso con vos mismo/a.

Pero es TU RESPONSABILIDAD, seguro.

Y llegará un momento, aún cuando no lo consideres como una posibilidad, aún cuando lo niegues, que te sentarás a mirar la película de tu vida y te preguntarás: ¿cómo no me di cuenta?

Soltar

9. Séptimo paso: Soltar

9.1. Causa o efecto

En la vida sólo hay dos opciones para elegir. El amor o el miedo. Ser causa, o ser efecto. Pero el hecho de que no elijas no te deja al margen de la elección. Si no sos causa, sos efecto. Siempre.

Estás en un bosque de robles. Han pasado muchos años antes de que el bosque se pudiera formar. Sin embargo, con tu pensamiento podés transportarte hacia atrás, hacia el origen, hacia la causa, hacia la semilla del bosque. Hubo una vez una semilla, una simple y sencilla semilla, una bellota. Si esa pequeña semilla pudiera ver en qué se convirtió... ¿qué diría?

Cada uno de nuestros pensamientos es una bellota que a través de los tiempos forma bosques de robles frondosos. Si te quedás observando por un momento el bosque, sólo ves efecto, el bosque. Sin embargo, si pudieras agudizar tu vista más allá del tiempo y del espacio, podrías llegar a ver la causa que dio origen al bosque: una pequeña e insignificante semilla. Sí, hasta el más amplio de los efectos esconde una, tal vez diminuta, causa. Tanto el bosque como el universo.

Con el método que te propongo en este manual busco mostrarte un camino seguro a las causas que producen tus efectos. Porque sólo en el roble podemos observar la bellota. Pero intentemos dar un paso más allá y veamos también la posibilidad de convertirte en el productor de las causas. Toda vez que elegís qué semillas plantar estás eligiendo las causas de tus efectos.

Si querés un roble plantá una bellota. Pero si querés peras, no plantes un olmo.

Es tu elección. Es tu responsabilidad.

Podés elegir ser causa, o ser efecto. Pero si no elegís ninguna de las dos cosas, no creas que no estas haciendo elección alguna. No tomar el control no significa que no estás tomando el control. Cada vez que no tomás el control, estás eligiendo ser efecto porque el control existe aún cuando no lo tomes. Cada vez que elegís ser efecto o cada vez que no sos consciente de la elección, alguien igual está eligiendo por vos. ¿El ego? No sé. Vos sabrás. Todo depende de lo que definas como YO.

9.2. Soltar el deseo

¿Qué es liberar? Liberar es dejar en libertad, soltar.

Un soltar que no es arrancar. Si tu pedido tiene que ser arrancado de vos, revisá el proceso porque algo no está andando como debiera.

Un soltar que no es abandonar. Porque no puede abandonarse lo que no se posee. Sólo posee el ego. Ya vimos que sólo gozamos de la energía que la cosa nos da y no de la posesión.

Dejar en libertad significa aceptar que ya hemos cumplido el proceso y que nada podemos hacer ya para lograr lo que deseamos porque al agradecer ya hemos incorporado la energía que la cosa deseada tenía para darnos. O no la hemos incorporado.

No queda más que soltar. El trabajo ha sido realizado. El Universo está esperando el momento oportuno para juntar causa con efecto en bien para todos, bajo la gracia y de manera perfecta. Que así sea.

¿Cómo soltar? Todo lo que vimos en el proceso nos enseña a liberar. Liberar es soltar pensamiento, palabra y obra. Es no tener dudas, soltar es tener certeza. Liberar es saber, de conocimiento y de sabiduría, que el trabajo ha sido terminado. Soltar es eliminar la ansiedad, las expectativas. Es poder superar el tiempo que media entre causa y efecto. Soltar es liberar el deseo al Universo. Es aceptar.

Difícil, ¿no?

¿Cuándo soltar? Si no podemos soltar antes de agradecer, ni nos molestemos en agradecer. Si vamos a agradecer con expectativas en el resultado... no vamos a agradecer, ni siquiera vamos a soltar. Soltar es dejarlo ser, sea lo que sea, cuando sea y como sea, con la seguridad de que ya esta siendo.

¿Podés soltar a tus hijos? ¿Podés dejarlos ser?

Dice Khalil Gibran en El profeta:

> Y una mujer que sostenía un niño contra su seno pidió:
> Háblanos de los niños.
> Y él dijo:
> Vuestros hijos no son hijos vuestros.
> Son los hijos y las hijas de la Vida, deseosa de sí misma.
> Vienen a través vuestro, pero no vienen de vosotros.
> Y, aunque están con vosotros, no os pertenecen.

Podéis darles vuestro amor, pero no vuestros pensamientos.
Porque ellos tienen sus propios pensamientos.
Podéis albergar sus cuerpos, pero no sus almas.
Porque sus almas habitan en la casa del mañana que vosotros no podéis visitar, ni siquiera en sueños.
Podéis esforzaros en ser como ellos, pero no busquéis el hacerlos como vosotros.
Porque la vida no retrocede ni se entretiene con el ayer. Vosotros sois el arco desde el que vuestros hijos, Como flechas vivientes, son impulsados hacia delante.
El Arquero ve el blanco en la senda del infinito y os doblega con Su poder para que Su flecha vaya veloz y lejana. Dejad, alegremente, que la mano del Arquero os doblegue. Porque, así como Él ama la flecha que vuela, Así ama también el arco, que es estable.

Liberar es tan importante como agradecer. El secreto del éxito de nuestro trabajo está oculto en la capacidad con la cual logramos eliminar las expectativas y el resultado luego de eliminar los pensamientos negativos ocultos en nuestro interior, pudiendo disfrutar de los efectos aún cuando estos no se hayan manifestado todavía en la realidad. ¿Qué es la realidad después de todo? Sólo espacio vacío.

Soltar no es sencillo pero es un ejercicio que se puede aprender. Significa eliminar el control, la manipulación, las expectativas, la ansiedad, el miedo, la duda, la incertidumbre. Soltar es liberar y liberarse. Es elevarse por encima del mundo de causas y efectos hacia un plano donde todo es posible aquí y ahora.

Todos podemos soltar. Todo puede ser soltado. Así que no crees excusas ni justificaciones inútiles.

9.3. No juzgar

Tendemos a condicionar las causas a través de las cuales podemos lograr los efectos. Esos condicionamientos se transforman en los juicios a través de los cuales medimos los "puedo" y los "no puedo". No nos damos cuenta de que apenas son los puntos de vista total y absolutamente individuales desde los cuales condicionamos los acontecimientos. Es sólo una percepción. La verdad es mucho más amplia e integrada de lo que nos podamos siquiera imaginar.

Tenemos tan arraigado el concepto de que sólo con dinero podemos adquirir las cosas que no concebimos la posibilidad de poder obtener algo regalado, donado, heredado, premiado, etc., etc., etc.

Pero es una alternativa a la cual podemos acceder si liberamos nuestra mente de todo juicio que nos hayamos formado.

Cada juicio que hacemos es un poco de libertad que perdemos.

Un juicio es un pensamiento y si tu pensamiento te limita... ARRÁNCATELO.

Las emociones, palabras y acciones, también están condicionadas por los juicios. Cada emoción, palabra, acción sustentada por un juicio, es otro poco de libertad que perdemos. Por eso, y sólo por eso, debemos cuidarnos de los juicios que hacemos.

Cada juicio que hacemos sobre otras personas es un poco de libertad de acción que le estamos quitando a la otra persona. Y como se lo quitamos a la otra persona, nos lo quitamos a nosotros. Por eso, y sólo por eso, debemos cuidarnos de hacer juicios sobre los otros también. Porque *"con la vara que midas serás medido"*.

9.4. Control, manipulación, chantaje emocional

Lo que no lográs a través de tu poder de creación, tal vez puedas conseguirlo con control, manipulación o chantaje emocional. Pero su beneficio será escaso, su durabilidad reducida y tu satisfacción nula.

Hemos descripto detalladamente un procedimiento que no necesita ser detallado dado que:

1. Hemos sido creados a imagen y semejanza del Creador con lo cual somos co-creadores de la realidad, y
2. El éxito viene programado en nuestro ADN con lo cual sólo podemos vencer.

Esto te asegura el logro de lo que sea que desees ya que tienes el poder de crearlo, aún cuando no lo sepas o no lo creas.

No necesitás controlar el proceso, ni manipular los resultados, ni chantajear o extorsionar a nadie para lograrlo. Es un derecho que te corresponde por naturaleza.

Sin embargo, si te empeñás en controlar, manipular, chantajear o extorsionar, no te olvides de que estas son acciones que describen pensamientos que estás enviando al universo que dicen: "no me creo que soy co-creador. Necesito controlar, manipular o chantajear, para asegurarme el resultado".

El control puede ser muy sutil, casi imperceptible.

La manipulación muy encubierta.

Y el chantaje muy perverso.

No obstante, ahí están. Intentando sabotear nuestras creencias.

A cada cual según sea su nivel de certeza.

Así sea.

¿Cómo sigue?

10. ¿Por qué no lo logro?

Cuando no logro el objetivo lo más fácil es culpar el proceso. Lamento desilusionarte. El proceso ha sido probado sucesivas veces. Las respuestas están en tu interior. Sólo tenés que saber buscarlas y poder asumir tu responsabilidad en los resultados.
Podés darte por vencido/a si lo deseás.
Es tu decisión.

Razones por las cuales el procedimiento parece no estar funcionando:

El autoengaño. No podés hacer todo esto como un lorito que repite lo que le dicen. Si no has pasado por un proceso de reflexión sobre lo aprendido, no has internalizado el conocimiento contenido. Y si la causa no viene de vos, el efecto no vuelve a vos.
Algo en el proceso realizado está fallando.
Falta de certeza, dudas.
Si no podés concebir dar a todo el mundo lo que estás pidiendo para vos, no podés concebir darte. Los logros no vienen de afuera. No podés recibir lo que no podés dar.
Hay voluntad de terceras personas involucrada.
Falta corregir el pensamiento.
La conciencia desde la cual estás haciendo el ejercicio no es la correcta.
Ego involucrado en el proceso.
Creés que sos vos el que produce los resultados y lo crees desde el ego. No sos vos, es la parte más elevada

que hay en vos. Seguro que no es tu ego el que lo logra.

Demasiado fácil para ser verdad.

Demasiado serio.

Falta de compromiso.

Expectativas en los resultados.

No lograste liberar o soltar.

Motivos ulteriores no conscientizados (segundas intenciones).

Te falta perseverancia, voluntad o coraje.

Fuiste perdiendo la motivación.

No estás seguro/a de que sos vos y sólo vos el único responsable de tu vida.

No lográs conectar con un deseo del alma.

Tenés que terminar de eliminar los implantes (educación, cultura, raza, etc.).

Te diste por vencido/a.

¿Pruebas?

11. Las pruebas

Cuando me puse a pensar en este manual la primera idea que me vino a la mente fue poder compartir el proceso por el cual todos podemos lograrlo.

Si bien hoy tengo una vida maravillosa, pasé muchos momentos en los cuales no había para comer, o no tenía dónde vivir, o no tenía la fuerza para volver del abandono. Pude haber culpado a mis padres, a los hombres, a las circunstancias, a la vida, a los dioses, o a quien se te ocurra. Pero no me detengo a lamentarme de mi pobre suerte. De hecho, no creo en la suerte. Yo creé esa parte de mi vida para poder crear esta parte de mi vida. Y no miro para atrás. El mirar para atrás buscando culpables nos convierte en estatuas de sal cristalizadas en el pasado. Naturalezas muertas.

En el Génesis, capítulo 18 podemos ser testigos de la forma en la cual Abraham trata de convencer a Dios para que no destruya las ciudades de Sodoma y Gomorra, sin éxito.
"Llegaron dos ángeles a Sodoma al atardecer. Uno hablando con Lot le dijo: *"¡Escapa por tu vida!, ¡no mires atrás, no te detengas en toda la planicie. ¡Escapa a las montañas para que no mueras!""*
Cap. 19 Génesis.
Sodoma y Gomorra fueron destruidas.
Pero la mujer de Lot miró para atrás y se convirtió en un pilar de sal.

Siempre miro para adelante. Pero no creas que no

sufrí. Por supuesto que sí. Y es ese sufrimiento el que me hizo prometerme a mí misma que jamás iba a volver a permitirme pasar hambre, miseria, o dolor. Que nunca iba a dejar que persona o institución alguna controle mi vida. Rosacruces, masones, kabbalah. Médico o religioso. Nadie. Y así sea. Con entusiasmo hacia la próxima aventura.

La vida es demasiado maravillosa como para desaprovecharla con doctrinas o con quejas y lamentos. Hay que tomar la experiencia (ganancias y pérdidas) y seguir para adelante. Nada sucede por casualidad. Si hoy estamos viviendo lo que estamos viviendo es porque nosotros mismos lo convocamos para que esté ahí. Algo de bueno hay como enseñanza para poder pasar al próximo nivel. Cada acontecimiento está ahí para ayudarnos a mejorar nuestra habilidad de co-crear el universo con el Creador. Está en nuestras manos estancarnos en el sufrimiento o movernos al próximo nivel de conciencia.

Yo elijo seguir.

Agradezco a todos y cada uno de los acontecimientos de mi vida el haber estado ahí. Porque han sido ellos, cada obstáculo, cada prueba, cada dolor, los que me han permitido convertirme en el ser humano que soy. Gracias por estar ahí porque son la prueba más fehaciente del cumplimiento de la ley.

Aunque la verdad es que para salir de donde nací no necesitaba pruebas. Necesitaba milagros.

¿Querés más pruebas?
Armá las tuyas. Para eso tenés el cuaderno.

Las respuestas

12. Preguntas frecuentes

La conciencia es algo abstracto y totalmente personal.

Nadie, absolutamente nadie, puede convertirse en juez de tu conciencia, excepto vos mismo. Por eso nadie puede responderte en qué lugar está tu conciencia. Sólo vos podés saberlo.

Muchas veces ese es el principal conflicto para lograr el mayor éxito de tu vida: ser vos mismo. Si estás listo para escuchar lo que otro tiene para decirte respecto de tu conciencia, no busques más, es ahí donde está la semilla del pensamiento que te aleja de tu éxito.

No hay otro que pueda darte las respuestas a las preguntas. Sólo pueden mostrarte un camino posible. Eso es lo que intenté hacer con este manual. Pero vos tenés que encontrar el tuyo. Te deseo lo mejor.

¿A qué puedo aplicarlo y a qué no?

No está en mis manos decirte qué podés hacer con tu vida y qué no. La realidad es que podés hacer lo que se te antoje. Sólo puedo limitarme a recordarte que el Universo es una totalidad y lo que hagas a otros es lo que te hacés a vos mismo y que lo que das vuelve multiplicado como la bellota que se convirtió en un bosque de robles con un poquito de tiempo y buena voluntad de por medio.

¿Qué puedo conseguir y qué no?

Podés conseguir todo lo que te propongas. Todo. Esto puede ser una bendición o una maldición. Depende sólo de lo que te propongas y de vos que sos quien se lo propone.

¿Tengo que tomar algún curso adicional?
No, sólo tenés que descubrir el poder de creación que reside en tu interior. Y esto nadie te lo puede dar.

¿Cuántas veces puedo hacer el procedimiento?
Las que quieras y sobre los temas que se te antoje. Desde los más fáciles hasta los más difíciles. Pero te sugiero empezar por los primeros escalones para ir adquiriendo seguridad. Es la seguridad en vos mismo lo único que te va a permitir lograr cualquier cosa que se te ocurra. Cualquier cosa, aunque esto requiere práctica.

¿Puedo hacer varios procedimientos juntos?
Cuantas carreras podés estudiar a la vez... Querer hacer todo ahora es pensar que no va a haber tiempo para hacerlo después. Y es poner ansiedad y expectativas en el proceso. Las pirámides no se construyeron en un día y todavía están erguidas mirándonos desde allí.

¿En qué me equivoqué?
Todas las respuestas están en tu interior. Te aconsejo que hagas una profunda meditación y que reflexiones dónde está el pensamiento que te aleja del objetivo. Interiormente siempre sabemos la respuesta, es sólo que no la queremos escuchar. Si después de esta reflexión no logras encontrarla, repasá el procedimiento. Ahí está. Y sino... volvé a hacer el ejercicio "sin mente". Eliminá los pensamientos sobre los pensamientos. Sólo concentrate en lo que estas haciendo como si fuera una aventura que te estás regalando. Disfrutalo. Eso sí... Primero tenés que estar convencido de lo que estás haciendo.

Tuve que pasar tres casi maridos para darme cuenta

de que no me había equivocado en nada. Sólo eran escalones para ir llegando a la cima. No hay error. Sólo hay puntos de vista. Con tu conciencia de hoy no tomarías las decisiones de ayer. Pero hoy estás acá porque ayer estuviste allá. Así que no vale mirar para atrás. Salvo que quieras quedar como estatua de sal.

¿Hay algo más que tenga que saber?

Si lograste descubrir que fuiste creado a imagen y semejanza y que sos co-creador del universo al poder crear tu Universo personal, no hay absolutamente nada más que tengas que saber.

Ahora sólo te queda hacer. Hacerte a vos mismo y crear el mundo que querés a tu alrededor.

Y vos... ¿qué querés?

Las personas son irrazonables, ilógicas y centradas en si mismas,
AMALAS DE TODAS MANERAS

Si hacés el bien, te acusarán de tener motivos egoístas,
HAZ EL BIEN DE TODAS MANERAS

Si tenés éxito ganarás falsos y verdaderos enemigos,
TEN EXITO DE TODAS MANERAS

El bien que hagas se olvidará mañana,
HAZ EL BIEN DE TODAS MANERAS

La honestidad y la franqueza te hacen vulnerable,
SÉ HONESTO Y FRANCO DE TODAS MANERAS

Lo que te tomó años construir puede ser destruido en una noche,
CONSTRUYE DE TODAS MANERAS

La gente de verdad necesita ayuda pero te podrían atacar si lo hacés,
AYUDALES DE TODAS MANERAS

Dale al mundo lo mejor que tenés y te patearán en los dientes,
DALE AL MUNDO LO MEJOR QUE TENÉS DE TODAS MANERAS

Tomado de un letrero en la pared de Shishu Bhavan.
La casa para niños en Calcuta.